Quel manager êtes-vous ?

Étalonnez vos pratiques

Éditions d'Organisation
Groupe Eyrolles
61, bd Saint-Germain
75240 Paris Cedex 05
www.editions-organisation.com
www.editions-eyrolles.com

ISBN : 2-7081-3406-X

Daniel EPPLING Laurent MAGNIEN

krauthammer international

Quel manager êtes-vous ?

Étalonnez vos pratiques

Troisième tirage 2006

Éditions d'Organisation

Sommaire

Avant-propos

« Le bon sens, c'est le génie en bleu de travail » disait Albert Einstein. Absorbé par le quotidien, accablé par l'ampleur de la tâche, il est facile d'oublier son génie intérieur. La clé du succès, nous la cherchons souvent ailleurs, quand elle se trouve en nous, prête à l'emploi. Être en permanence dans l'action nous rend aveugle ; nous prenons rarement le temps de nous interroger sur l'exemple que nous constituons aux yeux des autres. Il s'agira, dans cet ouvrage, de vous aider à mettre votre bon sens en action.

Ce livre n'est ni une compilation de bonnes recettes, ni une recherche abstraite et théorique. Il cherche à allier simplicité et complexité ; il propose une synthèse entre une réflexion d'ensemble et des guides opérationnels.

Les chapitres sont structurés de la même manière. À une description des comportements efficaces et des pièges à éviter font suite des éléments de réflexion s'appuyant sur des contenus théoriques sous forme de paragraphes encadrés, un regroupement des comportements observés en entreprise selon quatre niveaux de performance étant présenté en fin de chapitre.

Chaque chapitre se suffit à lui-même et, à ce titre, peut être lu séparément. Une lecture respectant la logique d'ensemble demeure néanmoins le garant d'une bonne compréhension.

Chaque lecteur pourra se « piquer » au jeu et évaluer ses propres pratiques au fil des chapitres pour en faire une synthèse personnelle à la fin du livre.

Introduction

Au quotidien, quelles sont les pratiques qui commandent la performance, et quels sont leurs différents niveaux d'efficacité ?

Les réflexions menées tout au long du présent ouvrage s'inscrivent dans le champ des compétences comportementales du manager. Il s'agit d'aborder ce qui est le plus observable et d'aller là où ça se passe, *là où ça brûle* comme diraient les enfants à la recherche d'un trésor.

Qu'est-ce que de « bonnes pratiques managériales » ? Qui peut prétendre en être le détenteur ? Comment les partager ?

Les pratiques managériales

Il s'agit souvent d'un savoir-être tacite, de compétences comportementales façonnées au fil des ans. Elles apportent une valeur inestimable car elles condensent un « savoir-faire » qui marche sans qu'on sache trop pourquoi.

Il serait utopique de vouloir réunir dans une même salle tous les « porteurs » de bonnes pratiques : l'échange informel et répété reste le seul garant de ce passage de témoin. Cet échange ressemble à une discussion entre parents partageant et comparant l'éducation qu'ils donnent à leur progéniture : chacun combine connaissances fondamentales et enseignements de l'expérience pour trouver de manière simple des clés d'efficacité. Le récit, souvent, ne suffit pas ; il faut retrouver la manière d'agir en situation comme une chanson dont on ne retrouve les paroles qu'en la fredonnant à nouveau.

Ainsi, il s'agit de donner l'opportunité à chacun de montrer « comment il fait » et « comment il pourrait faire autrement » dans des situations aussi précises que variées, comme par exemple : que dites-vous à vos équipes lorsque vous parlez de la nouvelle organisation ? Que répondez-vous à un client qui vous dit… ? Comment faites-vous lorsque votre patron exige… ?

Nous chercherons tout au long des pratiques décrites dans ce livre les chemins empruntés par des millions de managers de par le monde pour y trouver les ressorts à la fois théoriques et pratiques.

Les séquences comportementales qui seront décrites peuvent s'apparenter à des réflexes qui se conditionnent, par un travail conscient. Nulle fatalité : les « bonnes pratiques » s'apprennent ! Ces séquences ne peuvent cependant se dissocier de conduites plus globales car dès que l'on quitte le « pilotage à vue par temps clair », les comportements se doivent d'être adaptés, déclinés voire reconfigurés pour préserver toute leur justesse. Sur le plan comportemental plus que dans tout autre domaine, la compétence n'est pas acquise une fois pour toutes.

De plus, à l'image d'un sportif de haut niveau reconnu pour la qualité et la régularité de ses performances, notre manager doit montrer une certaine constance dans ses pratiques pour revendiquer ce niveau. Il doit être capable de s'adapter en toutes circonstances et de stabiliser sa conduite.

Enfin, rappelons que le comportement d'un manager n'est pas la seule composante de la performance. Si les savoirs, savoir-faire et savoir-être constituent des facteurs d'influence patents, le manager n'évolue pas pour autant seul dans son environnement. Impossible en effet d'ignorer le poids du marché, des processus et de la culture d'entreprise, des compétences collectives, et tout simplement de l'environnement.

« L'échelle 4-niveaux »

Nous avons choisi pour étalonner les pratiques managériales l'idée d'une échelle à même d'incarner cette maxime : « C'est l'attitude plus que les aptitudes qui détermine l'altitude du manager. » Nous avons donc placé sur la plus haute marche de cette échelle le comportement exemplaire, celui du « manager de niveau 4 ».

Nos diverses conversations contradictoires avec différents experts en matière de management des compétences nous ont conduit à déterminer deux niveaux positifs (niveaux 4 et 3) et deux niveaux négatifs (niveaux 2 et 1) car, par essence même, les comportements ne sont pas neutres. *De facto*, nous considérons qu'un comportement ne peut pas se décrire selon une progression positive, comme s'il s'agissait d'une matière plus ou moins maîtrisée. Certains comportements contribuent efficacement à l'effort collectif, d'autres l'entravent...

Cette « échelle 4-niveaux » permet d'étalonner les différentes pratiques qu'une personne met en œuvre selon quatre degrés : exemplaire, opérant, pénalisant, disqualifiant.

Niveau ❹ : exemplaire

Le manager intègre toute la complexité de son environnement, développe une relation active et fait évoluer la performance.

Niveau ❸ : opérant

Le manager appréhende une partie de son environnement, crée une relation minimale et préserve la performance.

Niveau ❷ : pénalisant

Le manager néglige son environnement, ne construit pas de relation et amoindrit la performance.

Niveau ❶ : disqualifiant

Le manager ignore son environnement, dégrade la relation et empêche la performance.

Si ces définitions distinguent les quatre niveaux dans l'absolu, la manière d'appréhender l'imprévu représente souvent un critère discriminant. En effet, les aléas, les anomalies, les vents contraires sont autant de circonstances défavorables et d'épreuves permettant aux managers de se différencier. On reconnaît un bon conducteur à sa conduite sur glace, un bon pilote de ligne par tempête, un bon chirurgien en cas de complications. Dans ces conditions exceptionnelles les différences s'exacerbent et les écarts se creusent. Elles révèlent l'étendue de nos ressources. La diversité des situations se traduit par une diversité des réponses : elles vont de la prise en main d'une situation tendue à la capitulation devant l'imprévu.

Avant de retrouver nos managers des quatre niveaux en situation dans chaque chapitre, faisons une courte présentation des équipes pour cerner plus finement ce qui caractérise chacun d'entre eux.

Le comportement exemplaire (niveau 4)

Une pratique de niveau 4 correspond à une maîtrise des situations confinant à la virtuosité.

Elle garantit un niveau d'excellence comme on serait en droit de l'attendre d'une grande toque servant des mets irréprochables, jour après jour, invariablement. Le niveau 4 s'apparente au geste juste de ce champion sportif qui, tout en exécutant son mouvement, continue de regarder la situation de jeu pour anticiper le déplacement de ses partenaires et adversaires. Son champ d'observation dépasse le périmètre de ses seules responsabilités ; son analyse de l'environnement lui permet d'intégrer de multiples variables pour en avoir une compréhension d'ensemble.

Aux échecs, on dirait de ce manager qu'il joue avec plusieurs coups d'avance. Et lorsqu'il agit, il se montre soucieux des répercussions pour les autres, parvenant ainsi à ajuster dans l'instant son comportement pour s'assurer d'une meilleure tolérance et acceptation de l'ensemble des parties prenantes. Il veille en permanence à ce que les objectifs ne soient pas atteints au détriment de la relation.

Il gère son temps, ne donne jamais l'impression d'être débordé. Il anticipe les événements et sait parer à l'imprévu. Son réalisme lui permet de ne pas se laisser embarquer dans des projets hasardeux. Lorsqu'il s'engage, sa crédibilité est totale : il délivre ce qui a été promis en temps et en heure.

Le manager de niveau 4 développe un sens aigu de la mission et du dévouement à la collectivité ; il épouse la notion de « leader servant » par opposition au « leader asservissant ». Dans la pyramide de Maslow, son besoin se situe principalement au niveau de l'accomplissement de soi ; il n'est en compétition qu'avec lui-même. La cohérence et la régularité de ses humeurs et de ses comportements le rendent prévisible, ce qui génère stabilité au système et confort à l'ensemble de son environnement.

Le comportement opérant (niveau 3)

Une pratique de niveau 3 représente l'ensemble des comportements qui permettent de gérer les situations et d'adapter sa conduite aux circonstances et aux imprévus. Si le niveau 4 se montre stratège (penser le changement), le niveau 3 se montre tacticien (changer le pansement !).

Le niveau 3 s'apparente au bon « pro » qui présente un niveau d'exécution remarquable lorsqu'il s'agit d'appliquer ou d'adapter. Sa régularité, sans faille lorsque la courbe de stress n'est pas trop élevée, peut se trouver affectée face à l'inconnu. S'il sait réagir aux événements en associant différentes conduites *ad hoc*, s'il sait tenir compte de la réalité des choses, il achoppe néanmoins dans sa capacité à passer d'une conduite réglée sur le détail à une position globale.

Son champ d'observation est centré sur le périmètre de ses responsabilités ; son analyse de l'environnement lui permet d'intégrer une variable après l'autre. Il planifie, séquence, traite avec une efficacité de métronome, sans être débordé quand il est seul pilote à bord.

À l'instar d'un bon artisan, il sait remettre l'ouvrage sur le métier. Un timonier de niveau 3 fait le « dos rond » face à la houle, met en œuvre des comportements défensifs lui permettant de négocier les vagues, sans réévaluer en profondeur le cap à tenir. De manière générale, le manager de niveau 3 s'adapte sans pour autant reconfigurer totalement sa conduite.

Il instaure des relations positives et constructives, pour peu que l'autre ne cherche pas à se montrer supérieur ou à le placer en infériorité. Il ne génère pas de stress dans la relation et se montre sensible aux tensions provoquées par d'autres. S'il maintient généralement un équilibre entre l'importance accordée à la réalisation de la tâche et à la qualité de la relation, en situation tendue il a tendance à se replier nettement sur la première au détriment de la seconde. Il se ferme et n'est plus en mesure de percevoir les besoins de l'autre. Il est tout disposé à se remettre en cause tant qu'il observe une remise en cause équivalente chez son interlocuteur.

Le manager de niveau 3 développe un sens aigu du travail bien fait, du devoir accompli, des attentes satisfaites. Il se transforme en homme orchestre cherchant à jouer de tous les instruments pour (é)prouver sa compétence et son utilité. Motivé avant tout par l'atteinte de ses objectifs, il est sensible à la reconnaissance de ses pairs pour ses performances et sa compétence.

Le comportement pénalisant (niveau 2)

Une pratique de niveau 2 exprime un comportement qui commence à détériorer les situations et qui figure généralement à la rubrique des « points à améliorer » lorsqu'ils sont passés au crible de l'entretien annuel. La raison sous-jacente à ce déficit de performance réside en partie dans sa tendance naturelle à décomposer toute situation en unités dissociées les unes des autres. Il approche ainsi chaque situation par une succession de réponses automatiques qu'il reproduit toujours, sans aucune différenciation.

Nous observons ce comportement en cas de circonstances exceptionnelles : l'erreur arrive dès que l'imprévu surgit. Le manager est indifférent à son environnement, se montre avant tout égocentrique, et ne tient pas compte des conséquences sur autrui. Il ne s'adapte que lorsqu'il doit obtempérer ; il ne réagit donc que contraint et forcé.

Sa relation aux autres est structurée par le pouvoir, tant vis-à-vis de ses collaborateurs que de sa hiérarchie ou même de ses collègues. Il les prend volontiers de haut, il aime agir par l'autorité du galon ou du statut. Il jubile de pouvoir dicter aux autres la conduite à adopter et il le fait le plus souvent de manière grossière : cela va des attitudes de « petit chef » ou d'« adjudant sur le retour » à des attitudes plus ou moins condescendantes. Il se range volontiers du côté du plus fort et adopte alors naturellement une position plus modeste si ce n'est obséquieuse face à sa hiérarchie.

On reconnaît souvent le manager de niveau 2 à sa propension à embarquer ses équipes dans une sorte de « course à l'échalote » en donnant le sentiment d'avoir un train de retard. Il vit et fait vivre les autres dans l'urgence permanente et montre une indisponibilité chronique vis-à-vis de ses collaborateurs.

Il se mesure à la taille de son empire, au budget que la direction est prête à lui allouer, aux mètres carrés de son bureau, à l'épaisseur de son fauteuil. Si le manager de niveau 4 a le sens de la mission et de la contribution, si celui de niveau 3 cherche le travail bien fait, notre manager de niveau 2 développe lui le syndrome de la célèbre bande dessinée *Iznogoud* : il cherche à être calife à la place du grand calife ou, à tout le moins, apparaître le « plus calife possible » aux yeux des autres !

Enfin, au niveau 2 la manière de se comporter fluctue. On a troqué la lisibilité ou la prévisibilité des managers de niveaux 4 et 3 pour arriver à des conduites plus opaques, mais aussi changeantes, surprenantes, variant en fonction des intérêts ou des personnes.

Le comportement disqualifiant (niveau 1)

Ce qu'exprime une pratique de niveau 1, c'est un comportement qui détériore les situations, sème la confusion ou la zizanie. Les managers de cette catégorie sont les rois de l'approximation, de l'inachevé ; ils montrent un don particulier pour mettre des chefs-d'œuvre en péril. La conduite « adjudant » du niveau 2 devient celle du tyran.

Le manager de niveau 1 ne parvient pas à distinguer une situation d'une autre, ne situe pas davantage son interlocuteur, ce qui transforme sa conduite en autant d'actes incohérents, souvent déconnectés de l'ébauche d'analyse qu'il vient de proposer. Pour prendre quelques exemples, il serait capable de demander à un collaborateur son avis sur l'évolution de l'entreprise en plein entretien de licenciement, se plaindre de sa hiérarchie devant un client, parader dans un cocktail sur la manière dont il a manipulé un client ou encore hurler dans une réunion parce qu'il sort d'un entretien difficile qui n'a rien à voir avec le sujet de l'instant.

Sans vouloir tomber dans la caricature, le manager de niveau 1 est un fervent adepte du « *mushroom management* » (management des champignons) : les laisser dans le noir, les nourrir de moisissures, et s'ils parviennent malgré tout à pousser, leur couper la tête. Ce qui se traduit par laisser croupir ses collaborateurs dans les coulisses les plus à l'ombre possible, déléguer noyau et queue quand lui-même mange la cerise, et surtout les empêcher de grandir pour éviter de se faire dépasser. Quitte à s'en séparer…

Son aspect brouillon et son désordre sont contagieux : il pousse au fatalisme et au laisser-aller, laisse les choses se dégrader, compte sur le hasard, se montre irresponsable et tente de faire porter le chapeau aux autres. « Courage : fuyons ! » est la devise qu'il semble avoir appris dans des cours de lâcheté.

Lorsqu'un manager est installé au niveau 1, sa conduite est à surveiller avec précaution, avec une vigilance identique à celle qu'on réserverait à la conduite d'un chauffard sur la route ; il faut sans cesse anticiper ses comportements erratiques et dangereux, ce qui fatigue tout l'entourage. De manière plus nuancée, on observera souvent sa rétention d'information visant à garder un avantage, ses oublis succédant à ses engagements, son impolitesse ou son dénigrement, sa manière unique de brouiller un dialogue ou encore de monopoliser la parole pour ne rien dire. Même circonscrits à quelques situations, les comportements disqualifiants nécessitent d'être sanctionnés et éradiqués.

L'exemplarité, un exemple à suivre…

« Être exemplaire »… L'expression fait à la fois référence à un comportement situé au plus haut niveau de notre échelle et à une pratique à part entière.

« Rien n'est si contagieux que l'exemple » affirmait La Rochefoucauld.

Mais que veut dire « être un exemple » à une époque où l'on manque de modèles et de repères ? Quel est le sens de l'exemplarité ?

Sans redéfinir ce qui qualifie le niveau 4, nous cernerons le contour de cette notion d'exemplarité, ses tenants comme ses aboutissants.

Si, en tant que manager, nous sommes toujours un exemple, sommes-nous pour autant exemplaires ?

L'amour du bon mot fait dire à certains que c'est seulement en couture que le patron est un modèle !

Nos comportements quotidiens constituent le décorum de notre vitrine ambulante, celle que nous promenons de réunions en entretiens et qui ne cesse d'être observée par notre entourage. Elle est d'ailleurs d'autant plus observée que le manager est peu vu, ce qui crée notamment l'obligation pour les dirigeants de surveiller chaque acte symbolique, chaque visite d'usine, chaque contact avec un collaborateur qu'ils ne reverront parfois plus. Et qu'entend-on le lendemain d'une telle visite ? « Je l'ai trouvé fatigué et soucieux » ou, à l'inverse, « Il est très proche des gens et très facile d'accès », ou encore « Il est toujours très bien habillé ». Il est donc impossible de renoncer à son propre exemple car on ne peut pas ne pas communiquer. D'autant que l'on ne peut pas non plus laisser aux autres le soin de bâtir son image. Il est en effet difficile d'imaginer un manager dire à l'un de ses collaborateurs : « Vous voudrez bien être exemplaire pour moi à notre prochaine réunion d'équipe ? » L'exemplarité s'attache au manager comme la lueur à la bougie. La célèbre formule « montrer l'exemple » n'a d'ailleurs pas de sens au premier degré : comment en effet pourrions-nous le cacher ? En fait, l'expression sous-entend de montrer le bon exemple. Être exemplaire, c'est être une référence, un modèle digne d'être suivi.

Disant cela, nous avons peu dit. Nul n'a envie d'être mis à l'index pour son manque d'exemplarité. Le problème réside moins dans la volonté que dans la capacité à l'être et à le rester.

Que penser de ce manager qui demande à ses collaborateurs de respecter leurs engagements en n'étant jamais lui-même ponctuel aux rendez-vous et aux réunions ? De ce dirigeant qui négocie ses stock-options au moment même de serrer les budgets de tous les départements ? De cet instituteur qui demande aux élèves d'écouter sans être lui-même à leur écoute ? De ces parents qui disent à leurs enfants de lire alors qu'ils regardent eux-même la télévision tous les soirs ?

« Suivez-moi » plutôt qu'« allez-y » !

Le devoir commande, l'exemple entraîne. La seule autorité ne suffit pas. Face aux ordres, la réticence est de mise. Rares sont ceux qui aiment obéir. La force du galon crée de la résistance passive ou active, l'exemplarité pousse à la mobilisation. Quelque chose de plus haut autorise l'autorité. L'exemplarité est sans doute ce supplément d'âme qui légitime le pouvoir, qui définit l'autorité autorisée. La référence à une conduite individuelle (l'exemple) constitue le prérequis à la conduite des autres (la mobilisation). À ce titre, l'évolution sociologique des familles recomposées offre un beau terrain d'expérimentation pour le parent d'emprunt qui se doit d'obtenir respect et autorité à défaut de la toute-puissance parentale.

Les collaborateurs finissent toujours par regarder ce que fait leur manager au-delà de son simple discours. Un test ? Demandez à quelqu'un « Qu'as-tu sur le front ? » en vous frottant le menton et observez ce que va faire votre interlocuteur : presque systématiquement se gratter le menton. On fait plus confiance à ce que l'on voit qu'à ce que l'on entend, à l'exemple qu'au discours. À une époque où beaucoup d'entreprises affichent leur charte de valeurs, mieux vaut sans doute les véhiculer et les incarner quotidiennement qu'en parler abusivement…

Peut-être devrions-nous plus souvent parler du verbe « exemplifier » pour signifier « montrer par l'exemple ». La preuve d'une exemplarité réussie se mesure souvent par cette question-test : êtes-vous « copié » par vos collaborateurs ?

Une exigence et une discipline personnelles

Peut-on réellement construire l'exemplarité ? Le mot d'exemplarité donne parfois envie d'être traduit par « accomplir vertueusement son devoir ». L'exemplarité est une forme d'éthique opérationnelle, de fil à plomb de la conscience. L'éthique est à l'individu ce que la déontologie est au groupe. La statue de la liberté devrait être supplantée ici par la statue de la responsabilité, à laquelle il faudrait également associer le courage, la vertu, l'altruisme et la tempérance. L'exemplarité s'accompagne aussi d'une capacité de remise en cause, c'est-à-dire d'une capacité à se poser des questions et à avoir la franchise d'accepter les réponses qui ne vont pas dans le sens désiré. Cette remise en cause devrait permettre au manager de se prémunir des trois menaces du succès : l'avidité, l'arrogance et la fatuité.

Le manager de niveau 4 va s'appliquer les mêmes règles de conduite que celles qu'il impose à ses collaborateurs et ainsi rester cohérent avec les valeurs et les principes en vigueur dans l'entreprise. L'exemplarité ne peut aller sans une certaine rigueur morale : dire ce que l'on va faire et faire ce que l'on a dit, honorer sa propre parole. Cette éthique personnelle ne doit pas pour autant se transformer en ascétisme ou en discours binaire, sans nuance. Le manager ou le leader exemplaire ne s'est pas transformé en sage sorti d'un ashram ni en robot ânonnant toujours les mêmes paroles et comportements. Dans son best-seller *From Good to Great*, Jim Collins définit le leader exemplaire comme fait d'un alliage particulier : celui qui associe une extrême humilité à une intense volonté personnelle, synthèse très audacieuse dans nos environnements où succès personnel rime souvent avec narcissisme.

Première partie

LES PRATIQUES FONDAMENTALES DE COMMUNICATION

CHAPITRE 1

La conscience de son filtre

Entre réalité et perceptions

« Ce n'est pas une image juste, c'est juste une image. »

Jean-Luc Godard

Chacun construit sa propre réalité

Qu'est-ce que la réalité, si ce n'est l'image que chacun se fait des situations, personnes… auxquelles il est confronté ? Or chacun perçoit les choses à sa façon. La réalité ultime – au sens d'une vérité absolue – n'existe pas.

« *On voit avec nos idées* » souligne Boris Cyrulnik ; « *La carte n'est pas le territoire* » précisent John Grindler et Richard Bandler.

Notre réflexion peut se résumer et se représenter graphiquement ainsi : je n'ai qu'une image, qu'une perception de la réalité, car entre moi et la réalité il y a mon « filtre ».

Le schéma ci-après montre rapidement la distance à prendre avec les raccourcis du genre « C'est la réalité ». Il illustre que notre regard (symbolisé par notre œil) n'est qu'une lecture de la réalité largement colorée par notre propre filtre. Comme si, lorsque notre

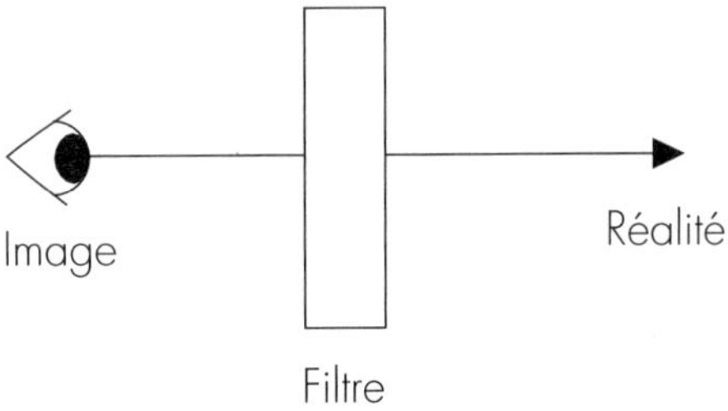

filtre est jaune, nous avions tendance à voir la vie en jaune en portant des lunettes dont ne nous soupçonnons même pas l'existence. Imaginez-vous un instant rencontrer un interlocuteur qui a lui un filtre vert sans davantage s'en rendre compte, et imaginez la conversation qui s'ensuivrait... Cette anecdote peut paraître caricaturale ; elle ne l'est pas tant que cela. Prenez comme simple exemple l'opposition des filtres entre « les gens du terrain » et « les gens du siège » !

Une première prise de recul est rendue possible par une précaution linguistique : remplacer « c'est », ou « il/elle est comme ça » par une locution de type « je le vois », « selon moi... ». Elle permet à celui qui parle de mettre quelques bémols à sa vérité et laisse à l'autre la possibilité de se faire sa propre image de la situation. Se contenter de cette seule figure rhétorique ne suffit pas ; elle permet néanmoins de ne pas créer un blocage trop rapide dans la communication. Pour reprendre un instant notre « échelle 4-niveaux », il s'agit là typiquement d'un comportement qui permettra à un manager de niveau 3 de se distinguer de son homologue de niveau 2 mais qui demeure insuffisant pour se revendiquer d'une pratique au niveau 4.

Un filtre est composé des préjugés issus du passé (expérience, culture, éducation, personnalité) comme du futur (ambitions, projets...). Le terme de préjugé, jugé par avance, montre bien l'impact du filtre sur la lecture de nos réalités : nous lisons, nous écoutons les situations avec un *a priori* qui nous fait souvent confirmer l'idée que nous nous en faisions. Le mot « préjugé » a en lui-même un préjugé, une connotation négative. Et un préjugé a la vie dure. Einstein résumait ainsi cette tendance naturelle : « *Il est plus difficile de désagréger un préjugé qu'un atome.* » Pourtant, comme le rajoutait Gregory Bateson, « *on ne peut pas vivre sans gomme* ». Être capable d'oublier, se départir de ses habitudes nécessite parfois plus de talent que l'apprentissage. Il nous faut désapprendre pour apprendre. Finalement, il faudrait fabriquer des crayons dont la partie réservée à la gomme serait plus grande que celle réservée à la mine !

La compréhension de l'écart entre perception et réalité est capitale en ce sens qu'elle restaure la pleine responsabilité de tout un chacun là où elle se situe : si nous ne sommes pas comptables de toutes les réalités qui nous entourent, nous le sommes des images que nous nous en faisons. Et cette responsabilité ne se délègue pas. À sa manière et en son temps, Épictète disait déjà : « *Nous ne sommes pas tant affectés par les choses que par l'idée que nous nous en faisons.* »

Le film de Roberto Benigni, *La vie est belle,* est un exemple émouvant, poussé à l'extrême, d'une interprétation possible d'un environnement contraignant ; le héros transforme pour son fils de 5 ans la réalité insupportable d'un camp de concentration en jeu. Les nazis ne sont finalement que des méchants et les privations que des règles, donnant ainsi tout son piquant à cette situation tragique.

Cette réflexion est la pierre angulaire de nombreux développements de Krauthammer International, elle est écrite ainsi dans nos « principes directeurs » :

LA PERCEPTION DE LA RÉALITÉ N'EST PAS LA RÉALITÉ

Nous (individu ou groupe) agissons dans le monde non tel qu'il est mais tel que nous l'interprétons à travers nos systèmes de référence personnels : ainsi personne n'est détenteur de la « bonne » image.

Pour illustrer de manière poétique ce contenu, il n'est que de souligner que la langue japonaise n'avait, dans le passé, aucun mot pour rendre compte des notions d'objectivité et de subjectivité. Ils en avaient fait alors une traduction très imagée en les nommant respectivement « le point de vue de l'hôte » et « le point de vue de l'invité ».

Quelques réflexions autour de la notion de « perception »…

Si les neurosciences en font aujourd'hui un champ d'investigation majeur, nous nous bornerons à quelques constats. Des biologistes chiliens, H. Maturana et F. J. Varela ont établi en 1984 que notre système nerveux ne peut que percevoir des « clics », à savoir des unités d'impression qui sont toutes quantitatives et non qualitatives. Ainsi, en regardant quelque chose, le système nerveux reçoit peu ou beaucoup de « clics », d'« impressions ». Les neurosciences aboutissent à un double constat :

- pour une « impression externe », c'est-à-dire venant de notre environnement, nous construisons 100 000 « impressions internes » à savoir élaborées par nous-même ;
- il est impossible à l'être humain de distinguer les « impressions internes » des « impressions externes ». Ainsi, lorsque nous regardons un paysage, nous captons quelques « impressions externes » et le reste n'est que pure construction.

La perception est donc une activité mentale par laquelle nous prenons connaissance de notre environnement et par laquelle nous lui donnons sens. Cette perception est faite de représentations, de constructions mentales, de modèles intériorisés. Chacun possède son propre système de croyances pour reprendre un terme cher au courant de la programmation neurolinguistique (PNL). La croyance est une affirmation personnelle que nous pensons vraie, elle porte sur la perception que nous avons de nous-mêmes et du monde en général.

Nos perceptions dictent notre comportement

Personne n'est détenteur de la « bonne image ».

Le hic, c'est que nos comportements sont tributaires de nos images et de nos perceptions. Un comportement semble toujours parfaitement justifié dans la mesure où il résulte d'une perception. Que se passe-t-il lorsque cette perception n'est pas en phase avec la réalité ?

La perception que nous avons d'une personne conditionne notre comportement à son égard. L'inverse est vrai également, mais de façon moins systématique : un comportement peut faire évoluer une perception. C'est généralement plus long et plus difficile. Surtout lorsqu'une relation date. En l'espèce, il s'établit une toile de fond à peine perceptible qui crée une sorte de champ de force entre les personnes difficile à faire évoluer. Quand on rencontre un inconnu, c'est plus simple : notre première impression nous vient très vite.

L'idée d'évoluer par le changement de comportement ou de cadre de référence a d'ailleurs donné naissance à deux écoles psychologiques : les *béhavioristes* (ou *comportementalistes*) qui s'intéressent principalement au comportement et les *cognitivistes*, qui regardent en priorité les représentations et les paradigmes (les modèles dominants) de l'homme dans son milieu social.

Les deux nous paraissent parfaitement complémentaires et peuvent d'ailleurs se résumer par ces interactions permanentes :

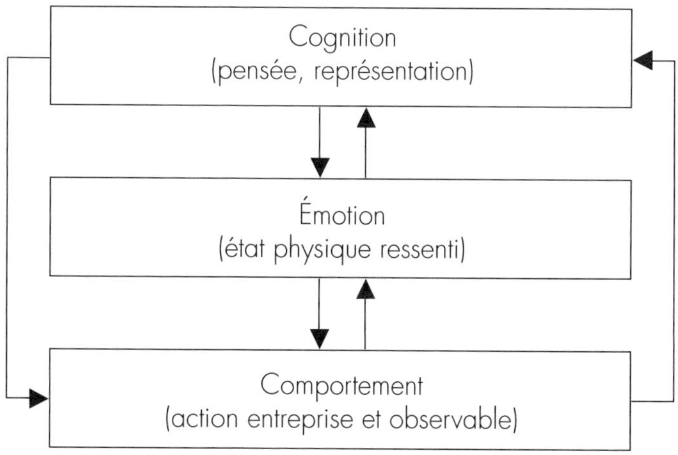

Dans notre « échelle 4-niveaux », les pratiques sont considérées uniquement à l'échelle des comportements observables, visibles, et non au niveau des représentations internes de l'individu. Pour autant, cela ne biaise pas notre analyse, car les secondes finissent toujours par influer sur les premiers. Il ne peut d'ailleurs y avoir de changement de comportement durable sans réel changement de représentation et ressenti émotionnel associé. La caractéristique des pratiques observées au niveau 4 est de mettre en cohérence et en convergence le diagramme présenté ci-dessus.

Notre manager de niveau 4 ne sait pas seulement remettre en cause ses façons de pensée, ses « cognitions », mais aussi ses modes d'action et d'expérimentation de nouveaux comportements.

Comment l'influence de nos perceptions se manifeste-t-elle ?

Chacun d'entre nous entend son filtre s'exprimer sous la forme d'une petite voix interne, d'un murmure permanent. De quoi s'agit-il ?

Posez un instant ce livre à côté de vous et faites silence pendant trente secondes...

(...
....)

C'est celle-là !

Cette voix qui vous a dit des choses quand vous pensiez un instant avoir l'esprit libre et vide. Cette voix qui klaxonne ou vous chuchote des pensées sans que vous vous en rendiez compte. Cette voix qui nous rend prisonnier de nous-même, nous fixe un cadre virtuel et, ainsi, contraint nos actes. Elle encore qui nous empêche de vivre le moment présent sans être brinquebalés des murmures du passé aux appels du futur.

Tim Gallwey dans son livre *The Inner Game of Tennis* a montré combien les performances sportives s'amélioraient sans effort supplémentaire lorsque le son de cette petite voix baisse voire disparaît, que sont suspendus les incessants jugements critiques internes ou les injonctions à vaincre. Notre petite voix peut se comparer à un jeu intime qui constitue malheureusement bien souvent la première barrière à la performance.

Cette notion de « petite voix intérieure » a aussi été développée par un psychologue de l'école jungienne, Hal Stone, sous le concept de « dialogue des voix » et a donné naissance aux thérapies de type « *gestalt* ».

Ces petites voix internes, lorsqu'elles se généralisent à « dans la vie il faudrait, on devrait... », deviennent des croyances bien souvent irrationnelles. Quelques exemples dérivés des travaux d'Albert Ellis pour illustrer ces murmures et leur cortège de conséquences négatives :

Croyance irrationnelle *Dans la vie...*	**Conséquence comportementale négative** *alors j'agirai...*
...il faut être aimé, apprécié	Dépendance aux autres, recherche d'approbation, suradaptation personnelle
...il faut être performant, à la hauteur	Sous pression pour aller au-delà des limites
...il faut éviter les difficultés et les ennuis	Perte de confiance en soi, déperdition d'énergie
...le malheur dépend du monde extérieur	Résignation, fatalité, incapacité à changer

« Décalaminer » son filtre

La calamine est le terme employé pour désigner les résidus de carburant qui, en brûlant, se déposent sur les pots d'échappement. À l'époque où l'essence était davantage chargée en plomb, il fallait aller régulièrement « décalaminer » son cyclomoteur pour qu'il reparte de plus belle. De la même manière que les kilomètres parcourus apportent leur lot de calamine, nos expériences apportent leurs dépôts qui se sédimentent sur notre filtre. Décalaminer son filtre consiste à prendre conscience de ces dépôts, de ces résidus d'expérience qui constituent nos lunettes avec lesquelles nous regardons notre quotidien. Pour mieux appréhender la complexité du filtre, faisons une brève incursion dans trois champs majeurs :

- la psychologie (filtre personnel) ;
- la sociologie (filtre social) ;
- l'anthropologie (filtre culturel).

Le filtre personnel, programme directement hérité de notre ADN

La formation des personnalités est une question complexe, qui n'est pas sans influence sur le filtre. Sans entrer dans le débat de l'inné et de l'acquis, ni dans celui des différentes écoles de pensées, nous illustrerons ici un déterminant important du filtre personnel : les *questions existentielles.*

Les *questions existentielles* répondent aux besoins psychologiques fondamentaux de l'individu. À partir de cette question, il décode son environnement et développe des talents spécifiques. Parmi les différents modèles qui existent (success insight, enneagramme, disc, intelligence émotionelle…) nous citerons ici les 6 types élaborés par Taïbi Kahler (psychologue américain qui a accompagné la NASA dans le recrutement des astronautes), desquels sont dérivées les six questions existentielles suivantes : suis-je aimable, suis-je compétent, suis-je digne de confiance, suis-je vivant, suis-je acceptable, suis-je voulu ?

Les 6 questions existentielles de Taïbi Kahler en détail

« Suis-je aimable ? » Ce type d'individus, réputé « empathique », recherche un monde de relations harmonieuses pour satisfaire ses besoins de reconnaissance et développer aux niveaux 3 et 4 des talents de compassion, d'écoute, de chaleur et d'attention aux autres. En lisant les situations à travers ce filtre et pour répondre à leur question existentielle, ces managers auront du mal, aux niveaux 1 et 2, à dire « non », à gérer les conflits et à s'affirmer.

« Suis-je compétent ? » Ce type d'individus, que l'on dit volontiers « travaillomane », recherche un monde fonctionnel pour satisfaire ses besoins de structuration et développer aux niveaux 3 et 4 des talents de logique, d'organisation et de rigueur. En lisant les situations à travers ce filtre et pour répondre à leur question existentielle, ces managers délègueront peu aux niveaux 1 et 2, seront rigides et auront tendance à surcontrôler les autres.

« Suis-je digne de confiance ? » Cette question désigne des personnes « persévérantes » qui recherchent un monde de valeurs pour satisfaire leur besoin de conviction et développer aux niveaux 3 et 4

des talents d'observation, d'engagement, de dévouement ou de ténacité. En lisant les situations à travers ce filtre et pour répondre à leur question existentielle, ces managers tendront, aux niveaux 1 et 2, à surargumenter, à imposer leur point de vue, à attendre la perfection des autres en plaçant haut la barre et à devenir suspicieux.

« *Suis-je vivant ?* » Ces individus, réputés « promoteurs », recherchent un monde d'action pour satisfaire leur besoin d'excitation et développer aux niveaux 3 et 4 des talents de séduction, d'intuition, d'adaptation ou de débrouillardise. En lisant les situations à travers ce filtre et pour répondre à leur question existentielle, ces managers, aux niveaux 1 et 2, se montreront hâtifs voire impulsifs, manipulateurs, prendront des risques exagérés et n'apporteront aucun soutien à leur acte de délégation.

« *Suis-je acceptable ?* » (C'est-à-dire « Jusqu'où m'acceptez-vous comme je suis ? ») Ce caractère « rebelle » recherche un monde ludique et libre pour satisfaire son besoin de contact et développer aux niveaux 3 et 4 des talents de créativité, de spontanéité et de bonne humeur. En lisant les situations à travers ce filtre et pour répondre à leur question existentielle, ces managers, aux niveaux 1 et 2, rejetteront les fautes sur autrui et feront preuve d'agitation.

« *Suis-je voulu ?* » (C'est-à-dire « Montrez-moi que vous me voulez vraiment ! ») Cette personnalité « rêveuse » recherche un monde d'intériorité pour satisfaire son besoin de solitude et développer aux niveaux 3 et 4 des talents de réflexion, d'imagination, de calme et de coopération. En lisant les situations à travers ce filtre et pour répondre à leur question existentielle, ces managers seront en retrait, passifs et indécis aux niveaux 1 et 2.

Le filtre social, programme subtilement acquis de son milieu d'appartenance

L'individu intègre depuis sa prime enfance des comportements, un langage, une manière de juger, une relation au monde qui sont autant de programmes subtilement acquis et profondément incorporés. Cet apprentissage inconscient lui permet d'évoluer dans son environnement social. C'est ce que Bourdieu, pour citer un des sociologues français contemporains de renom, appelait en 1980 l'*habitus*. Chaque milieu social fonctionne de façon autonome avec ses codes internes, que ce soit en politique, chez les artistes ou pour toute corporation. Ainsi des entreprises : les manières d'être d'un repas d'affaires entre banquiers diffèrent du traditionnel méchoui de fin de chantier dans le bâtiment, les jeux des conseils d'administration des grandes entreprises ont d'autres règles que ceux d'une équipe projet informatique. Maîtriser ces codes implicites n'est pas chose facile ; on ne les apprend pas comme on acquiert des compétences ou de l'argent. Leur assimilation s'effectue souvent de manière insensible, par contact prolongé avec le milieu.

Le filtre culturel, programme enfoui 20 000 lieues sous les mers

Aux grilles de lecture individuelles et sociales se superpose une troisième paire de lunettes : le filtre culturel. Il existe dans le monde de l'entreprise et de manière encore plus forte au niveau d'une nation. Les chartes de valeur ont fait florès dans les années 1990-2000 ; il s'agissait de consacrer explicitement ce qui honore le plus l'esprit de l'entreprise : sa culture. Elles jouent un rôle intégrateur fort mais peuvent provoquer une réaction de rejet, à l'instar des cellules du corps humain vis-à-vis d'un corps étranger. Cette formalisation de la culture interne s'est notamment développée dans les groupes internationaux pour fédérer des cultures locales variées sans pour autant s'y substituer. Le filtre culturel de chacun reste en effet présent et rend délicat la capacité des organisations à déployer le *business* au niveau international, en particulier dans les moments de tension. Tout se passe comme si, dans les affaires courantes, les filtres individuel et social prédominaient. Mais, dès lors que les conflits s'exacerbent, le filtre culturel remonte à la surface et prend le pas sur tous les autres. La mémoire collective perdure, elle se rappelle à notre bon souvenir quand on ne comprend plus l'autre.

Les dimensions multiculturelles

Les filtres multiculturels les plus souvent auscultés sont issus des travaux de Hall, Hoffstede et Trompenaars. Ils tournent autour des dimensions relatives au temps, au pouvoir, à la compétition, au langage (explicite ou implicite), au contrôle de l'incertitude, à l'individualisme, à l'environnement ou encore à l'action.

On peut citer comme exemples :

- *la relation au temps* : le passé, le présent et le futur ne sont pas perçus de la même manière selon les cultures. Un manager américain orienté vers le futur qui veut établir des prévisions se verra répondre par un manager maghrébin « *inchallah* ». Cette parole simple symbolise non seulement la volonté de Dieu mais aussi l'orientation exclusive vers le présent. De la même manière, là où un Américain, un Anglais ou un Suisse font une chose après l'autre, un Africain ou un Latin en font trois en même temps, ce qui n'est pas sans susciter de l'incompréhension réciproque ;
- *la relation au pouvoir* : une distance hiérarchique faible marquée par un fort égalitarisme explique le consensus à la suédoise, ou encore l'émergence des structures matricielles dans les pays anglo-saxons alors que les pays latins, dont la France, expriment culturellement des distances hiérarchiques fortes et préfèrent ainsi les organisations pyramidales ;
- *la relation au langage* : à la manière très directe et explicite de dire les choses d'un Allemand ou d'un Américain s'opposera un style qui cultive le non-dit d'un Japonais. Dans une moindre mesure, une réunion « nulle » pour un Hollandais pourra être « prometteuse » aux yeux de son homologue anglais.

L'école du doute

« *Philosopher, c'est douter* » disait Montaigne. La philosophie n'est pas utile en tant que savoir spécifique pour être un manager de niveau 4, mais elle devient presque incontournable au leader en tant que posture : doute, réceptivité, étonnement, dialogue invitent l'entreprise et son manager à se poser des questions essentielles.

Alors que faire ?

D'abord agir sur soi.

« Réforme-toi toi-même. Il y aura une canaille de moins dans le monde. » (Carlyle, 1850.)

La nécessité d'un travail sur soi est on ne peut mieux illustrée par les évaluations 360° où les managers reçoivent les résultats des perceptions de leurs collaborateurs, collègues et supérieurs hiérarchiques. La première réaction est souvent le déni, l'indignation : « Ce n'est pas possible ! » À ce stade, déjà, surgit une première tentation de changer l'autre : « Ils n'ont vraiment pas compris ce que je fais ! » Ce à quoi nous répondons : « Ce n'est peut-être pas vrai, mais cela est ! » Pour biaisée qu'elle puisse paraître, cette perception de l'entourage est une forme de réalité qui s'impose, puisqu'elle est vécue ainsi par les autres. Et bien souvent ils font davantage preuve de lucidité à notre égard que nous-même.

Accepter une réalité différente de la sienne est le premier pas du changement. Faire preuve d'une authentique remise en cause ou d'une volonté de comprendre l'autre constitue le point de départ de notre propre capacité d'influence.

Ensuite, porter un jugement modéré sur les autres.

Pour paraphraser Kierkegaard, il faudrait être plus objectif avec soi et plus subjectif avec les autres. Quand faire le voyage dans le filtre de l'autre apporte de l'oxygène à la relation, porter un jugement à partir de son seul filtre crée du gaz carbonique !

Enfin amener l'autre ou l'environnement à changer ce qui peut l'être.

Combien de fois entendons-nous des salariés se plaindre d'environnements sur lesquels ils n'ont aucune prise ? Quelle énergie stérile dépensée à vouloir changer ce qui ne peut l'être ! Quand on ne peut transformer une réalité qui s'impose, il ne reste plus qu'à agir sur soi et modifier sa propre image. C'est aussi une invitation à mieux se situer dans le réel…

En résumé...

❑ **Niveau 4** Explore le filtre de l'autre. Cherche à comprendre la représentation que l'autre a d'une situation pour mieux appréhender son comportement. Sait changer de paradigme. Agit d'abord sur soi avant de vouloir changer l'autre. Discerne ce qui peut être changé ou influencé de ce qui ne peut l'être.

❑ **Niveau 3** Accepte que l'autre puisse ne pas avoir la même image et fait le voyage dans son filtre. Sait questionner son propre filtre, prend en compte le cadre de référence de l'autre sans forcément aller le chercher. Cherche à mettre en adéquation perception et réalité, adéquation parfois réalisée au forceps.

❑ **Niveau 2** A tendance à projeter sa réalité sur celle des autres. Pense que sa vision des choses est proche de la vérité. N'accepte que théoriquement le fait que son interlocuteur puisse interpréter les situations différemment. Comprend tout au plus les mots de l'autre mais pas son monde.

❑ **Niveau 1** Agit en toute situation comme si le monde entier avait le même filtre que le sien. Est totalement imperméable aux points de vue de l'autre, ne va pas chercher à le comprendre.

Pas facile d'être un manager de niveau 4... Comment vous situez-vous ? Cochez la situation qui semble le mieux vous correspondre et n'hésitez pas à revenir au contenu de ce chapitre pour vous améliorer...

CHAPITRE 2

L'attitude intérieure positive

On ne peut pas se permettre le luxe d'une attitude intérieure négative !

« Le pessimisme est d'humeur, l'optimisme est de volonté. »

Alain

La méthode Coué revisitée

L'attitude intérieure positive (AIP) est sans conteste une condition indispensable à la réussite. Pourquoi cette notion ?

- *attitude* par opposition à technique ; il s'agit d'une posture fondamentale plus que d'une gesticulation de circonstance, d'une démarche sincère plutôt que d'un « truc » appliqué de manière froide, mécanique ;
- *intérieure* parce qu'il faut d'abord que ce soit vécu à l'intérieur de nous-même, installé en nous, si nous voulons que cela soit perçu par les autres ;
- *positive* exprime la capacité de notre filtre à orienter nos perceptions vers le positif, alors que de manière spontanée le négatif prend souvent le dessus.

Le terme « positif », et ses déclinaisons, a été victime de son succès. Si bien que le rejet est aujourd'hui massif : « Il faut donc gober les changements naïvement !? » nous interroge-t-on en réponse à cet exposé.

Le « filtre » même des individus face à la célèbre méthode Coué est généralement empreint de méfiance ; on la soupçonne même de puérilité. Un récent article en matière de recrutement prévenait : « Gare aux excès de la méthode Coué ! » Il est vrai que les péremptoires et définitifs « Je suis un *killer* ! » martelés devant le miroir peuvent faire perdre le sens de la mesure et des réalités.

Pour la petite histoire, qui était d'ailleurs Émile Coué ?

Né en 1857 à Troyes, après ses études en pharmacie, il ouvre une officine dans sa ville natale. C'est en répétant jour après jour à ses clients des phrases du type « Vous allez voir, cela va vous faire beaucoup de bien », « Vous irez de mieux en mieux » qu'Émile Coué découvrit l'effet placebo. Après s'être intéressé aux publications sur la suggestion et ses effets sur la thérapeutique, l'hypnose et le magnétisme, il affine sa méthode et écrit un livre intitulé *La Méthode Coué*.

Si la méthode Coué devait se réduire à une recette, ce serait celle-ci : se répéter chaque matin et chaque soir que « tous les jours à tous points de vue, je vais de mieux en mieux ».

De manière plus subtile, la méthode Coué repose sur cinq grandes idées :

1. L'être est double : il a un envers et un endroit qui sont le conscient et l'inconscient.
2. Nous ne pouvons exercer notre libre arbitre que si nous dirigeons notre inconscient au lieu d'être dirigé par lui.
3. L'inconscient est plus fort que le conscient, mais nous pouvons en prendre le contrôle.
4. Pour être fort, nous devons imaginer que nous pouvons faire ce que nous voulons faire.
5. L'imagination peut rendre malade le corps, tout comme elle peut le guérir.

Traitée de psychothérapie du pauvre, souvent dénigrée dans une veine populiste par la question « Comment monter une mayonnaise par la méthode Coué ? », elle a connu un nouvel essor dans le domaine de la pédagogie et du développement personnel, d'abord aux États-Unis, puis en Europe.

Si les cendres d'Émile Coué ne seront pas transportées pour autant au Panthéon, il restera de son héritage l'importance de placer la personne dans une situation positive où :

- elle s'auto-persuade qu'elle est capable d'apprendre, de comprendre et de faire ;
- elle s'imagine, elle se voit en train de faire ce qui lui est demandé.

Dans la pensée positive, il convient d'établir une distinction entre l'imagination et la volonté. Il faut se débarrasser du vieil adage « Quand on veut, on peut », qui montre ses limites dans des situations comme celle de l'insomniaque voulant trouver le sommeil. Il ne s'agit pas de vouloir guérir, mais de s'imaginer guérit. Pour un vendeur, il ne s'agit pas seulement de se dire « Je vais faire mon chiffre » mais davantage d'agir avec l'état d'esprit de quelqu'un qui négocie, le chiffre déjà atteint. Quand il y a lutte entre l'imagination et la volonté, c'est l'imagination qui l'emporte, sans aucune exception. Fort heureusement, imagination et volonté ne s'opposent pas : lorsqu'elles s'accordent, elles font plus que s'ajouter, elles se multiplient.

Pour revenir à notre échelle, le manager de niveau 4 sera davantage dans un registre d'imagination allié à la volonté quand le niveau 3 sera dans celui de la volonté pure. Dire ou penser « Je veux cela, donc je vais positiver » peut d'ailleurs devenir une limite au niveau 3 et le conduire à rétrograder au niveau 2 (!) car si l'esprit de la pensée positive n'est pas présent, la seule volonté est une qualité qui paradoxalement peut provoquer un blocage (plus il se répète qu'il va s'endormir, plus l'insomniaque a du mal à trouver le sommeil). Dans toutes les situations, il faut en effet savoir un minimum lâcher prise.

L'AIP, un antidote aux pensées négatives

Peut-on se permettre le luxe d'une attitude intérieure négative ?

Nos images et nos représentations négatives ont des effets sournois et dévastateurs. Nous avons cette liberté et cette capacité à imaginer le possible et le positif. Les joueurs de tennis connaissent ce redoutable syndrome : il suffit de penser à la double faute au service pour la commettre. Comme si, à force de penser à des bêtises, elles finissaient par arriver !

Si nous résumons à ce stade notre propos concernant l'attitude intérieure positive, la démonstration, d'une simplicité quasi-mathématique, peut s'établir ainsi :

- l'imagination est malléable, c'est la première faculté de l'homme ;
- c'est par notre imagination que nous pouvons communiquer avec notre subconscient ;
- notre subconscient est à l'origine de nos états physiques et mentaux ;
- une pensée, bonne ou mauvaise, que nous avons en tête finit par devenir pour nous la réalité, et a tendance à se concrétiser.

L'AIP est-elle pour autant une volonté de positiver à tous crins ?

L'AIP ne consiste pas seulement à imaginer mais à voir le positif qui existe et que nous occultons pour diverses raisons. Il ne s'agit plus ici d'inventer ou d'imaginer mais simplement de faire l'effort de voir les qualités, opportunités, richesses d'une personne ou d'une situation. C'est une démarche délibérée consistant à forger son filtre de manière plus positive. Reprenons le domaine de la vente pour exemple. Nous demandons souvent aux équipes de vente de choisir entre les deux affirmations suivantes :

> Est-ce le client qui doit trouver le vendeur sympathique, ou le vendeur qui doit trouver le client sympathique ?

Votre réponse ne fait guère de doute : il serait préférable que notre acheteur nous trouve sympathique ! Pourtant, si nous changeons légèrement cette question en la formulant ainsi : qui, le premier, doit faire l'effort de trouver l'autre sympathique ? Chacun conviendra que la balle est dans le camp du vendeur…

Pourquoi avons-nous tant de mal à féliciter par exemple ? Pourquoi les journaux télévisés ou la presse font-ils « leur une » avec des catastrophes plutôt qu'avec des exploits ? Le club des êtres humains semble faire plus d'adeptes de l'AIN (attitude intérieure négative) que de l'AIP !

Dans une certaine mesure, regarder le négatif chez l'autre nous rassure. Cette orientation, souvent inconsciente, est vraisemblablement liée à notre « instinct de survie». Sans doute sert-elle à nous avertir des dangers qui nous menacent dans différents contextes : réaction négative au changement qui menace notre « survie professionnelle », rejet de ce nouveau collaborateur perçu comme un concurrent éventuel, ou pire, frein à la progression de tel autre collaborateur perçu comme un ennemi potentiel en raison de ses compétences.

Une pause (positive) dans cette lecture avec un exercice :

> prenez une personne pour laquelle vous avez un « filtre négatif ». Notez maintenant un maximum de points positifs (qualités, réalisations...) la concernant, dix étant le minimum !
> Prenez à présent une situation pour laquelle vous avez un *a priori* négatif et, à nouveau, notez le maximum d'aspects positifs (opportunités pour vous, pour les autres...).
> Prenez un crayon et faites vraiment l'exercice...

(Dix minutes plus tard...)

> Que ressentez-vous maintenant vis-à-vis de cette personne/situation ?
> Qu'est-ce que cela vous incite déjà à changer dans votre comportement ?

Vous êtes au début de la spirale positive, celle qui permet de voir circuler dans les couloirs de l'entreprise des managers heureux de vivre et d'évoluer avec leurs équipes et leurs projets.

Faut-il pour autant se réincarner en Pygmalion des temps modernes ?

Pygmalion, sculpteur grec de l'Antiquité, créa la statue d'une femme idéale, tellement parfaite à ses yeux qu'il en tomba follement amoureux, jusqu'à oser imaginer qu'elle pourrait prendre vie. Devant une telle détermination, les dieux finirent par exhausser son vœu et donnèrent vie à cette femme de marbre. La force de sa croyance avait permis à Pygmalion d'aller au-delà du réel et d'obtenir alors ce qu'il espérait ardemment. Par analogie, le regard positif crée un champ des possibles, construit un contexte où les choses peuvent survenir. L'expérience de Rosenthal et Jacobson est à ce titre très instructive.

L'expérimentation de Robert Rosenthal et Lenore Jacobson, 1968

Leur expérimentation eut lieu dans une école publique élémentaire, avec des classes sociales qui, pour être modestes, n'étaient pas vraiment défavorisées. Au début de l'année, les chercheurs pratiquèrent sur des étudiants un test d'intelligence intitulé « The Harvard Test of Inflected Acquisition ». Non seulement ce test allait déterminer le quotient intellectuel des élèves, mais il identifierait également ceux qui étaient destinés à une progression rapide. Les professeurs reçurent ainsi la liste des heureux élus, qui en réalité furent totalement choisis au hasard. La seule différence avec les autres élèves se situait dans le « filtre positif » du professeur ainsi conditionné.

Un deuxième test fut réalisé en fin d'année : ceux qui avaient été désignés comme intelligents et destinés à des progrès fulgurants avaient augmenté leur QI de 12 points comparativement aux autres ! De plus, les professeurs indiquaient à propos de ces élèves « spéciaux » qu'ils étaient dotés d'une forte curiosité intellectuelle et de comportements amicaux envers leurs camarades. Rosenthal et Jacobson conclurent à la prophétie qui se vérifie d'elle-même au travail : la perception positive initiale avait poussé les professeurs à accorder inconsciemment plus de temps à ces élèves et à encourager subtilement leur performance, les portant ainsi au succès ! Des expériences similaires furent conduites avec des rats ; elles débouchèrent sur des conclusions identiques.

Une posture fondamentale

Un manager de niveau 4 devrait donc nourrir à l'égard de ses collaborateurs de nobles ambitions pour influencer ainsi considérablement leur devenir. Il ne s'agit pas de diluer son discernement dans un positivisme forcé en regard des capacités d'un collaborateur mais de se projeter dans sa réussite, de s'intéresser à ce pour quoi il pourrait « briller ». En ajustant ainsi notre point de vue, c'est notre attitude à son égard que nous transformons. Croire en quelqu'un tire ses réalisations vers le haut. Un « bon » objectif dose savamment réalisme et ambition. Lorsqu'un manager propose à un collaborateur de franchir un palier dans sa propre évolution et qu'il l'accompagne en l'aidant à se forger une croyance positive à l'égard de cet objectif, on peut raisonnablement attribuer à ce manager un niveau 4 dans sa pratique à cultiver pour lui et les autres une attitude intérieure positive.

Le pessimiste voit dans toute opportunité une difficulté, l'optimiste voit dans toute difficulté une opportunité.

On peut aussi distinguer les managers de niveaux 3 et 4 de ceux de niveaux 1et 2 par cette métaphore. Pour aller au-delà du cliché de la bouteille à moitié pleine ou à moitié vide, une autre distinction venant des concepts de l'analyse transactionnelle – les *positions de vie* – clarifie nettement l'attitude de base.

Au niveau 4, le manager va de manière inconditionnelle partir d'une position qualifiée de (+,+), c'est-à-dire qu'il attribue de la valeur à l'autre tout autant qu'à lui-même. Les spécialistes en analyse transactionnelle appellent cela « Je suis OK, tu es OK. »

À l'autre extrême, au niveau 1, il part du postulat inverse : « Je n'ai pas de valeur mais toi non plus. », ce qui se traduit par du (-,-), ou encore, « Je ne suis pas OK, tu n'es pas OK. » Difficile dans cette lecture des relations de ne pas émettre des ondes négatives qui provoquent rapidement des blocages !

La position (-,+) : position émotionnelle et décision précoce...

Thomas Harris souligne à quel point tout enfant arrive, dès la naissance, à se déterminer en fonction d'un « Je ne suis pas Ok » tout en attribuant à ses parents un « Vous êtes Ok. » Sa relation de dépendance lui fait donc épouser une position (-,+) dans laquelle il trouve un équilibre – précaire certes, mais un équilibre tout de même – qui va dicter sa conduite au monde. C'est sur ce postulat que s'élabore un des *jeux* les plus célèbres : « Le mien est mieux que le tien » ; sa pratique apporte à son auteur un soulagement inconscient dans la mesure où il cherche à compenser artificiellement le (-,+) par du (+,-), pratique qui semble parfois durer toute une vie pour bon nombre d'entre nous.

Vers la troisième année, la position affective va se déterminer inconsciemment ; elle ne pourra être dans un premier temps que (-,+),

(+,-), ou (-,-). Kobie a montré que nous ne passons pas à une autre position, nous prenons la décision d'en changer. Si ces trois positions sont fondées sur les sentiments, la quatrième (+,+) est, elle, fondée sur un choix délibéré, une nouvelle façon de vivre.

Une réelle position (+,+) ne consiste pas seulement à tolérer l'autre dans sa différence, mais à réellement aimer et appréhender cette différence. Pour reprendre notre typologie des filtres, quels sont nos petites voix ou murmures intérieurs ?

Au niveau 4, caractérisé par la position (+,+), ces petites voix seront par définition constructives.

Elles ressembleraient à ce dialogue interne : « J'ai l'impression que notre relation est équilibrée ; chacun apporte, nous sommes complémentaires. J'ai de l'estime pour lui et je peux me montrer franc et direct. Il me renvoie une image positive de moi-même. Nous ne sommes pas toujours d'accord mais nous savons alors en parler sans que les émotions ne prennent le dessus et finir par trouver un terrain d'entente. »

Au niveau 1, la déprime guette. La position (-,-) devient cynisme. « Il n'en vaut pas la peine, et d'ailleurs, le seul fait qu'il s'intéresse à moi le prouve bien. » C'est à partir de cette position de vie que Groucho Marx a ironisé par cette boutade : « Jamais je ne voudrais faire partie d'un club qui accepterait de m'avoir pour membre. » Pour le manager de niveau 1 ou 2, la valorisation positive passe par un processus de comparaison sociale ; elle conduit à vouloir se sentir supérieur ou, à tout le moins, égal aux autres. Comme Adler l'avait fortement souligné : « Être homme, c'est être tourmenté par des sentiments d'infériorité et tendre vers des situations de supériorité. »

C'est pourquoi dans la communication il y a souvent, en filigrane, une sorte de compétition et de rivalité.

Si au niveau 3 la position reste généralement en (+,+), le manager l'assortira d'une condition généralement liée à l'efficacité opérationnelle de son interlocuteur. Chaque bribe du dialogue intérieur est assortie d'une condition : « Notre relation est équilibrée surtout si je ou s'il/elle… J'ai de l'estime pour lui ou elle quand il/elle… »

Au niveau 2, la position sera soit une position haute (+,-) soit une position basse (-,+). Nous illustrons cette position par l'analogie des tabourets à piano dont la caractéristique bien connue est d'avoir une hauteur modulable. En position haute, le manager va se montrer dominateur, voire agressif ou arrogant. Le dialogue interne se structure ainsi : « Il est bien gentil, il peut me rendre ce service, c'est plutôt un honneur pour lui, de toute façon il est payé pour ça ! » Dans la position basse (-,+), il règle son tabouret à piano plus bas que celui de son interlocuteur et montre de la difficulté à s'affirmer ou à dire « Non », son ton devient plaintif et il peut se poser en victime. Le dialogue interne devient : « En sa présence je me sens nul, il n'est pas attentif à mon égard et ça me bloque. Je me sens menacé, inquiet, confus et sans recours ; j'aurais bien envie de mettre les points sur les i, mais je n'ose pas. »

Au chapitre précédent, consacré au filtre, nous avons abordé les croyances handicapantes, celles qui le figent dans des réalités qui ne sont que des *diktats* engendrés souvent par l'éducation. L'AIP a aussi pour vertu de rectifier le tir et de donner plus d'espace et de soutien à nos actes.

Lever les pensées négatives bloquantes

Les thérapies cognitives sont autant de permissions que se donnent les patients, un peu comme si nous reprenions le tableau des croyances irrationnelles développées au chapitre « le filtre » en y rajoutant une colonne supplémentaire.

	Conséquence comportementale négative ***...alors j'agirai...***	**Pensée positive débloquante** ***...et pour y remédier, je peux aussi me dire...***
...être aimé, apprécié	Dépendance aux autres, recherche d'approbation, suradaptation personnelle	Nous ne pouvons pas être aimés de tous ; n'avons-nous pas nos propres antipathies ?

…être performant, à la hauteur	Sous pression pour aller au-delà de mes limites	Nous ne pouvons être parfait en toute chose ; notre valeur ne dépendrait-elle que de nos seuls résultats ?
…éviter les difficultés et les ennuis	Perte de confiance en soi, déperdition d'énergie	Savoir faire face, n'est-ce pas l'occasion de grandir et se révéler ?
…accepter que le malheur dépend du monde extérieur	Avec résignation, fatalité, incapacité à faire changer	Ne pouvons-nous vraiment pas influencer le cours des choses ?

Cher lecteur,
À votre tour de réfléchir à l'une de vos croyances favorites, à ses conséquences négatives et à une pensée positive débloquante

Pour conclure ce chapitre, nous devons admettre une fois pour toutes que nous pouvons contrôler nos pensées. Ce que nous pensons affecte notre lecture du monde et, ainsi, nos réactions. Il appartient à chacun d'entre nous de cultiver une forme d'attitude intérieure positive – force mentale positive, mental gagnant, pensée positive –, pour ne pas être happé par la négativité…

Les plus pragmatiques d'entre nous prendront à témoin les réussites sportives, qu'elles soient individuelles ou collectives, et cultiveront cette image vue pendant l'Euro 2004 de football où notre héros national Zinédine Zidane réunissait en cercle toute l'équipe pour recréer immédiatement un mental positif après avoir encaissé un but. Même un magicien du ballon rond, individualité entre toutes, peut se soumettre à la nécessité de changer la mentalité collective, gage de réussite.

Les plus spirituels d'entre nous puiseront leurs références dans une grande loi de l'univers : « L'énergie suit la pensée. » L'AIP, c'est autant une posture fondamentale qu'une manière d'être, une orientation qui résout les problèmes plutôt qu'elle ne les fait !

En résumé…

- ❑ **Niveau 4** Se montre positif en toute situation sans effort apparent tout en restant réaliste. Génère une énergie positive contagieuse pour les autres. Reconnaît de la valeur aux autres autant qu'à soi, position (+,+). Fait de l'attitude positive une synthèse d'imagination (optimisme de l'objectif atteint) et de détermination (volonté pour y parvenir). Saisit des possibilités et des opportunités dans toute situation, même la plus désespérée. Inscrit sa démarche dans une optique d'harmonie plus globale.

- ❑ **Niveau 3** Se montre généralement positif, fait des efforts pour le rester dans les situations difficiles. Garde une tonalité positive sans pour autant « contaminer » positivement les autres. Reconnaît de manière conditionnelle la valeur des autres ou la sienne, position (+,+) conditionnelle. Fait de l'attitude positive avant tout une question de volonté. Regarde de manière équilibrée opportunités et difficultés dans son analyse des situations. Inscrit sa démarche dans une optique d'efficacité opérationnelle.

- ❑ **Niveau 2** Ne se montre positif que quand tout va bien. Donne une tonalité négative sans pour autant « contaminer » négativement les autres. A tendance à s'attribuer plus de valeur qu'aux autres, position (+,-), ou la position inverse (-,+). Taxe l'attitude positive de naïveté. Regarde en premier lieu les difficultés dans son analyse des situations. Inscrit sa démarche dans une optique de doute et de méfiance pour préserver son intérêt.

❑ **Niveau 1** Les aspects positifs lui échappent, même lorsque tout va bien. Génère une énergie négative contagieuse. N'attribue pas ou peu de valeurs aux autres et à soi-même, position (-,-). Fait de l'attitude positive une exigence pour les autres mais pas pour soi. Regarde dans toute situation les difficultés même lorsqu'une opportunité se présente. Inscrit sa démarche dans une optique égocentrique au détriment des autres ou de l'environnement.

Pas facile d'être un manager de niveau 4… Comment vous situez-vous ? Cochez la situation qui semble le mieux vous correspondre et n'hésitez pas à revenir au contenu de ce chapitre pour vous améliorer…

CHAPITRE 3

La préparation

Celui qui oublie de se préparer, se prépare à être oublié…

« Le hasard favorise les esprits préparés. »

Pasteur

Enfoncer une porte ouverte… sur le succès !

La préparation : la porte d'entrée du succès ! Le succès ne s'achète pas à crédit, il faut le payer d'avance !

Si ces affirmations peuvent donner l'impression d'enfoncer une porte ouverte, force est de constater que, malgré sa simplicité et son évidence, ce point est trop souvent négligé par les managers.

En effet, qui n'est pas d'accord sur le rôle primordial que joue notre préparation sur nos chances de succès ? Qui oserait prétendre que pour réussir il vaut mieux ne pas se préparer, ou que la préparation n'a que peu d'incidence ? Les exceptions ne font que confirmer la règle établie par Churchill : *« Mes meilleures improvisations sont celles que j'ai le mieux préparées. »*

Ce serait dommage de passer à côté !

Il y a tant de bénéfices à faire de la préparation une discipline personnelle, que ce serait dommage de s'en priver. Parmi ceux-ci, citons les trois plus courants.

Gagner du temps

Combien de temps durent un entretien ou une réunion lorsqu'ils ne sont pas préparés ? Et lorsqu'ils le sont ? Il n'est pas nécessaire d'aller beaucoup plus loin pour en faire la démonstration. À cumuler les temps de préparation et d'exécution on est encore gagnant par rapport au temps d'exécution d'une tâche non préparée. Et lorsque ce gain de temps est à multiplier par le nombre de participants à une réunion…

Influencer

La dernière fois que vous avez influencé fortement une décision, voire avez été à l'origine de celle-ci, auriez-vous atteint le même résultat si vous n'aviez pas pris le temps de la préparer ? Sans doute non ! De la même façon, la dernière fois que vous avez fait un « flop » au cours d'une présentation, votre niveau de préparation était-il suffisant ? Point n'est besoin de faire une longue démonstration sur le sujet...

Diminuer le stress

Qui n'a jamais connu, lorsqu'il était écolier, l'angoisse d'être interrogé sur la leçon qu'il n'avait pas bien apprise ? Aujourd'hui encore, comment nous sentons-nous, par exemple, avant une intervention en public insuffisamment préparée ? Il n'est bien sûr pas question d'affirmer que la préparation supprime le stress. Cela n'est ni possible ni sans doute souhaitable. Rappelons la réponse de Sarah Bernhardt à une jeune actrice qui lui disait qu'elle n'avait jamais le trac : *« Cela viendra avec le talent ! »* Il ne s'agit donc pas de supprimer le stress, mais de le réduire à un niveau maîtrisé, pour n'en garder que le côté « dynamisant ».

Une question simple nous permet de tester indirectement notre niveau de préparation : « Quelles raisons ai-je de me réjouir de… cet événement ? »

Au-delà de ces gains immédiats difficilement réfutables, il en est d'autres qui sont peut-être moins visibles mais tout aussi essentiels.

Montrer l'exemple

Le problème dont se plaignent souvent les managers, c'est le niveau de préparation de leurs collaborateurs. Comment obtenir de ces derniers qu'ils préparent les réunions ? Lorsque l'on creuse un peu, on constate très souvent une préoccupation du même ordre en ce qui concerne la ponctualité ou bien d'autres comportements. Les collaborateurs reproduisent les comportements de leur manager, les enfants ceux de leurs parents… C'est un constat vieux comme le monde.

Quelle est donc la meilleure façon, pour ne pas dire la seule, d'inciter nos collaborateurs à se préparer ? Se préparer soi-même ! Cela constitue sans doute une formidable opportunité de démultiplier les bénéfices de la préparation au sein de l'entreprise.

Jeter un « pont vers le futur »

Se préparer, c'est permettre au cerveau d'anticiper les situations, de créer des ancrages qui augmenteront la rapidité ou tout simplement déclencheront le bon réflexe au bon moment. C'est notamment le cas de la préparation des sportifs, qui est double :

- l'entraînement proprement dit, c'est-à-dire la répétition des gestes en situation en multipliant les cas de figure pour laisser le moins de place possible à l'inconnu le jour de la compétition ;
- la préparation mentale, qui est de plus en plus utilisée, faisant ainsi appel aux techniques de sophrologie, qui font du champion le metteur en scène d'une compétition qui se déroule dans sa tête.

Ainsi, au-delà d'*être préparé*, une préparation complète permet d'*être prêt* mentalement, d'augmenter son champ de conscience afin de faire corps avec la situation à maîtriser.

De manière pragmatique, on retrouve cette idée dans cette formule de Richard Nixon : « J'ai toujours constaté que, dans une bataille, les plans s'avéraient inutiles mais la préparation indispensable. »

Nous voilà face à une énigme. Ces bénéfices étant connus, pourquoi les comportements managériaux sont-ils si souvent en décalage avec ce principe ? Rapportées à notre « échelle 4-niveaux », quelles sont les pratiques les plus fréquemment observées ?

La pratique de niveau 4 sur ce sujet est caractérisée tout d'abord par son systématisme. La préparation se fait discipline permanente, « attitude » présente en toutes circonstances. Elle en est devenue un réflexe. Le manager de niveau 4 prend systématiquement le temps de clarifier son objectif et de noter les points clés de son message. En outre, il ne prépare pas seulement ce qu'il a à dire, mais aussi les questions qui vont lui permettre de compléter son information ou d'enrichir la réflexion collective. Il ne néglige aucun détail pas plus qu'il ne perd de vue l'appréhension globale du sujet. Sa préparation est suffisante pour lui permettre de prendre le recul nécessaire. Le compositeur Frantz Liszt dirait de lui qu'il a « *la partition dans la tête et non la tête dans la partition* ».

Au niveau 3, la pratique de la préparation n'est déjà plus systématique. Elle est cependant réalisée pour toutes les situations, jugées importantes, en rapport direct avec l'activité du manager. Sa préparation sera principalement constituée d'analyses basées sur des faits et de propositions concrètes.

Au niveau 2, ça se gâte ! Seuls les sujets représentant pour lui un enjeu personnel sont dignes de sa préparation. Pour ce qui est des autres sujets, il sera tout juste au courant et aura vaguement réfléchi à ceux-ci.

Quant au niveau 1, rien ne va plus ! Son niveau de préparation est totalement aléatoire. Dans la plupart des cas, il n'a pas connaissance du sujet et donc pas d'idées très précises à formuler. Au début d'une réunion à laquelle il participe, on l'entend chuchoter à son voisin : « Tu as l'ordre du jour ? » Il en résulte qu'il limite souvent ses interventions à réagir aux idées des autres. Cela ne signifie pas qu'il gagne par là du temps ; au contraire, il a besoin de plus de temps que les autres pour exprimer des idées moins claires et plus abstraites.

Pour en revenir à notre interrogation de départ, pourquoi les pratiques observées ne sont-elles pas toujours de niveau 4 ?

À l'instar de beaucoup d'autres domaines, il ne suffit pas d'adhérer intellectuellement à un principe pour le mettre en pratique sans faille. Surtout lorsque cela nécessite d'investir de l'énergie.

La préparation est une discipline quotidienne ; elle nécessite de passer outre certains freins, de se défaire d'idées fausses.

Connaître ses freins personnels, c'est commencer à les maîtriser…

Se préparer, ça fait « laborieux »

L'image du premier de la classe, du « polar » qui est toujours bien préparé, n'est pas forcément valorisante. Au contraire, il est plus « noble », plus méritant de réussir sans se préparer. Pas facile de débusquer ce frein-là, il n'est pas aisément « avouable », aux autres comme à soi-même. N'y a-t-il pas une certaine pudeur quasi-culturelle remontant à la période où nous étions écoliers ? Lorsqu'un élève demande à l'un de ses camarades s'il a consacré beaucoup de son temps à obtenir une si bonne note, la réponse fuse : « Oh, non ! » Comme si le vent de l'intelligence lui avait subitement soufflé la manière de résoudre les équations du troisième degré…

« Quand je prépare, je ne produis rien… »

L'équilibre réflexion/action auquel aboutissent les collaborateurs dans leur emploi du temps dépend notamment de la culture d'entreprise. Ainsi, dans les organisations ayant une forte culture de l'action, les dirigeants ont du mal à obtenir un bon niveau de préparation de la part de leurs collaborateurs. À l'extrême, cela peut résulter de préjugés tels que : « Il n'y a de travail que dans l'action ; la préparation, ce n'est pas du travail… » Ainsi, dans ce type d'entreprises, le collaborateur qui passe son temps en rendez-vous ou au téléphone présente une image beaucoup plus valorisante que celui qui réfléchit seul. Ce type d'image contribue à marginaliser autant qu'à dévaloriser l'acte de préparation.

« Je n'ai pas eu le temps… »

Sans aucun doute la première au hit-parade des justifications. Une justification « tarte à la crème » bien sûr, que l'on utilise pour masquer, consciemment parfois, la ou les vraies raisons d'un manque de préparation.

Qu'est-ce qui peut se cacher derrière cette fausse excuse ? Des freins psychologiques, des croyances, comme le premier obstacle évoqué plus haut. Des raisons culturelles, conscientes ou inconscientes, comme dans notre second exemple. Cela peut aussi être autre chose : dans bien des cas, c'est un problème de maîtrise de son temps, de capacité à le gérer. L'histoire qui suit met en lumière le premier changement à opérer en matière de gestion des priorités.

Cela se passe aux États-Unis ; c'est l'histoire d'un vieux monsieur, un expert de la gestion du temps, à qui l'on demande d'intervenir devant une assemblée de dirigeants d'entreprises toutes plus prestigieuses les unes que les autres, et à qui l'on donne 15 minutes – exemple en matière de gestion du temps oblige ! – pour faire passer un message fort aux participants.

Le vieux monsieur débute son intervention en remplissant un grand vase transparent avec des « gros cailloux », jusqu'à ce qu'il ne puisse plus en ajouter un seul.

Il s'adresse ensuite à l'assemblée et demande : « À votre avis, ce vase est-il plein ? »

Quelques réponses fusent : « Oui », tout le monde s'accorde sur ce point.

Alors il sort de dessous la table de conférence un sac, et lentement il en verse le contenu – du sable fin – qu'il fait s'intercaler délicatement entre les « gros cailloux ».

Sourire général des spectateurs qui commencent à saisir le sens de la démonstration.

Le conférencier repose la question : « À votre avis, ce vase est-il plein ? »

Une fois, mais pas deux ! Les participants lui suggèrent d'ajouter de l'eau, ce que fait le vieux monsieur, jusqu'au bord.

Cette fois-ci, « Il est plein ! », tout le monde en convient.

Il ne reste plus que cinq minutes pour conclure, alors notre expert demande : « Quelle morale pouvons-nous retirer de cette expérience, appliquée à notre gestion du temps ? »

Devinez un peu les réponses : « Même lorsque l'on croit que l'on n'a plus de temps, on en trouve, on finit toujours par trouver un petit moment pour… »

« EH BIEN NON ! » affirme notre conférencier, en haussant le ton pour la première fois. « NON ! la morale de l'histoire, c'est que si je n'avais pas procédé dans cet ordre, d'abord les gros cailloux, puis le sable fin, puis l'eau, je n'aurais pas réussi à tout faire entrer dans ce vase. Il en va de même pour la gestion de notre temps ! Si nous ne positionnons pas d'abord les gros cailloux de notre vie, nos priorités, ce que nous considérons comme le plus important, eh bien nous risquons de ne jamais pouvoir les réaliser ! Alors prenez cette habitude, PLANIFIEZ tout ce que vous considérer comme le plus important… !

À partir de ce constat plein de bon sens, si nous considérons que la préparation compte pour 90 % dans le succès, positionnons ce « gros caillou » dans notre agenda au même titre que les rendez-vous, réunions, etc. que nous planifions. En d'autres termes, bloquons des *rendez-vous avec nous-même* pour préparer nos rendez-vous avec les autres. Non seulement cela nous permettra de récolter tous les bénéfices évoqués plus haut, mais, en plus, cela nous aidera à mieux visualiser l'utilisation réelle de notre temps et donc à faire de vrais choix.

« Comme on fait son lit, on se couche. » Ce dicton populaire nous rappelle, si besoin en était, que l'acte consistant à se préparer dépend uniquement de nous.

La préparation mérite à nos yeux de figurer au rang de *discipline de vie* pour tout manager qui se respecte et respecte les autres.

En résumé…

❑ **Niveau 4** A fait de la préparation une « attitude » au quotidien. Se prépare par écrit. Sa préparation intègre non seulement des idées, des propositions, mais aussi des questions qui permettent d'élargir la réflexion. Incite les autres à un même niveau de préparation, donne du sens et du temps.

❑ **Niveau 3** Se prépare sur les sujets en rapport avec son activité. Préparation basée sur des analyses factuelles et des propositions concrètes. Incite à une préparation tout aussi concrète et ciblée.

❑ **Niveau 2** Ne se prépare que sur les sujets qui représentent un enjeu personnel pour lui. En règle générale, une préparation limitée à une vague réflexion sur le sujet concerné. N'incite pas les autres à se préparer ; tout juste communique-t-il le sujet.

❑ **Niveau 1** Préparation totalement aléatoire. En règle générale, n'a pas réfléchi au sujet, voire n'en a pas connaissance. Ne risque pas d'inciter les autres à se préparer car le sujet à traiter n'est pas connu à l'avance.

Pas facile d'être un manager de niveau 4… Comment vous situez-vous ? Cochez la situation qui semble le mieux vous correspondre et n'hésitez pas à revenir au contenu de ce chapitre pour vous améliorer…

CHAPITRE 4

L'écoute active

Intérêt ou surdité

« *Qui parle sème, qui écoute récolte.* »
Proverbe persan

Un prérequis à toute relation

Quel collaborateur dans l'entreprise se sent suffisamment écouté par son manager ? Qui n'est pas en attente de cette qualité indispensable au fondement de toute relation basée sur la confiance ?

Quelle formation commerciale ne mentionnerait pas l'écoute comme un des piliers de la découverte du besoin de l'autre ?

Comment expliquer l'attitude de ces enfants qui veulent raconter un récit à leurs parents régulièrement ponctué d'un « écoute-moi, écoute-moi », véritable supplique pour attirer leur attention avant d'aller plus loin ? Comment ne pas comprendre cette remarque d'un élève qui, découvrant le cours préparatoire, déclarait à ses parents : « La maîtresse nous demande d'écouter mais elle, elle parle tout le temps. » ?

Qui se contenterait d'une simple ordonnance de son médecin sans avoir été écouté au moment du diagnostic ? Quelle infirmière pourrait nier que le premier soin qu'elle dispense est souvent cette attention portée à l'autre ?

Pourquoi, dans le monde politique, les leaders de tous bords axent-ils leurs campagnes sur « l'écoute de leurs électeurs », l'arme fatale pour regagner la confiance… et les bulletins de vote ?

Si les enjeux sont multiples, aucun domaine d'activité, aucune relation n'échappe à cette obligation et tout se passe comme si nous n'existions que dans l'écoute de l'autre. Un peu comme cet artiste dont l'œuvre ne commence vraiment que lorsqu'elle est « écoutée », que ce soit dans un spectacle, une exposition ou un livre…

Alors pourquoi est-ce si difficile ? Tout le monde en parle mais qui pratique vraiment cette écoute souvent qualifiée d'« active », une écoute supposée attentive et nourrissante autant pour celui qui parle que pour celui qui écoute. Est-ce l'autre qui nous rebute, le sujet qui nous désintéresse ou sommes-nous juste (pré)occupés principalement par nous-mêmes ?

Toutes ces questions mériteraient sans aucun doute à elles seules plusieurs volumes et non un seul chapitre…

Trois verrous pour une surdité programmée…

Entraîner à l'écoute ne se résume pas à traquer et débusquer les comportements externes, visibles et observables. Il y a tellement de « très bonnes » raisons pour ne pas écouter… En dehors des facteurs exogènes et peu maîtrisables comme la langue, le bruit, l'environnement… nous nous attacherons ici à décrire trois verrous souvent présents dans les pratiques de niveaux 1 et 2.

« Je sais déjà »

La première composante de cette fermeture à l'autre est d'affirmer péremptoirement qu'il n'est « rien de neuf sous le soleil », pour reprendre une expression populaire. Qu'un collaborateur décrive un problème perçu par son manager comme une éternelle rengaine, qu'un besoin exprimé par un client soit perçu comme un disque rayé par le vendeur, ce « déjà vu » coupe littéralement la suite du dialogue. S'agit-il de clairvoyance ou d'aveuglement ?

Une application sous forme visuelle ; lisez la phrase suivante :

L'hirondelle ne fait pas le
le printemps

Notez ce que vous avez lu ou fermez les yeux et reformulez-la mentalement.
Relisez-la.

Qu'avez-vous lu ?

« L'hirondelle ne fait pas le printemps » ou « L'hirondelle ne fait pas le le printemps » ?

Le record (collectif) rencontré un jour dans une salle de formation fut de près de quinze minutes pour décrypter la phrase juste ! Cette anecdote illustre bien notre tendance à écouter (lire en l'occurrence) selon nos préjugés au sens littéral du terme : jugé à l'avance. Rien de neuf dans cette expression connue : « L'hirondelle ne fait pas le printemps ». Et le jour où se glisse un deuxième « le », nous ne le voyons plus, nous ne l'entendons plus. L'écoute implique une redécouverte permanente et c'est justement lorsque nous sommes convaincus d'avoir rapidement tout compris que nous risquons de passer à côté de l'essentiel !

« J'ai raison »

Cette phrase est le verrou de la certitude, celui qui fait dire à celui qui écoute que l'autre a forcément tort puisque lui-même a raison.

Lorsqu'il y a débat contradictoire, au premier degré, les arguments développés par l'interlocuteur ne constituent qu'un « vent contraire », mais ils finissent parfois par devenir une véritable menace personnelle. Les perceptions étant à l'origine des comportements, l'individu qui décode une contradiction comme une torpille à son encontre va fermer les écoutilles et rentrer dans sa coquille ou à l'inverse riposter violemment pour se protéger de ces agressions externes.

Ce verrou est souvent manifesté dans les pratiques de niveau 1, il conduit au blocage et aux tensions car il invite l'interlocuteur à agir de manière analogue.

« Je n'ai pas envie ! »

Je n'aime pas la personne qui me parle et je coupe, je me déconnecte.

Le sujet m'ennuie ? Je raccroche !

On peut observer lors de repas ces discussions convenues où visiblement l'un des convives a « branché le pilote automatique » par désintérêt pour son vis-à-vis ou pour la nature de l'échange. Il est vrai qu'il faut parfois maintenir une concentration à toute épreuve lorsque votre interlocuteur vous interpelle sur sa grand-tante ou sa passion pour les trains électriques, ou quand le ton monocorde ou confus de son expression se conjuguent avec la fatigue d'une fin de semaine. L'autre a lui aussi sa part de responsabilité dans notre non-écoute.

On observe parfois des comportements de niveau 3 flirter avec ce verrou, montrant ainsi un intérêt limité pour un certain nombre de sujets, généralement ceux qui ne concernent pas directement l'activité. Au niveau 2, la personne ne se centre que sur ses propres sujets d'intérêt et au niveau 1 elle ne fournit plus aucun effort.

Ces trois verrous montrent à quel point il faut bien souvent d'abord s'écouter soi-même afin de pouvoir écouter l'autre. L'idéal ne serait-il pas en effet d'être capable de dire : « Oui, c'est vrai je suis en colère et je ne suis pas disponible pour vous écouter réellement » plutôt que de se faire prendre en « flagrant déni » de sa propre réaction en répondant d'un ton ulcéré : « Mais si je vous écoute ! »

C'est celui qui écoute qui crée le sens, pas celui qui parle

Une typologie des autres types d'écoute a été développée par Schultz von Thun, une des autorités actuelles dans le domaine de la communication. Exemple : si un mari dit à sa femme en train de conduire « Attention, il y a un feu rouge ! », les quatre manières d'entendre et de donner du sens à ce message peuvent être déclinées comme suit :

- le feu est au rouge, il faut s'arrêter (l'oreille factuelle) ;
- il faut que je freine sinon on aura un accident (l'oreille activante) ;
- il ne me fait pas confiance (l'oreille relationnelle) ;

- il est anxieux (l'oreille autorévélatrice).

Quand l'oreille factuelle écoute l'information à l'état brut, l'oreille activante va écouter l'action qui s'impose, l'oreille relationnelle va en déduire un message au niveau des relations interpersonnelles et l'oreille autorévélatrice va émettre une interprétation quant à l'état d'esprit de l'interlocuteur.

Comment alors, et de manière plus générale, nous brancher sur la source du courant de l'écoute ?

Une question d'« intérêt »

Écouter suppose une certaine disponibilité à l'autre qui, à son tour, suppose notre propre sérénité. L'écoute de l'autre devrait sans doute cohabiter avec le silence intérieur. Or il n'en est rien ; nous sommes souvent préoccupés par nos objectifs, nous cherchons à combler le vide. Comment interpréter le comportement de ce manager prenant son inspiration pour parler ou poser une question alors que son interlocuteur n'a pas terminé de développer son propos ? Comment analyser l'attitude de ce manager qui ostensiblement s'ennuie dès que son collaborateur prend la parole et se réveille quand il a de nouveau l'opportunité de parler, ou encore celui qui se préoccupe des papiers devant lui, les reclasse en même temps que son interlocuteur parle, comme s'il avait besoin de se rassurer ?

La disponibilité, la relation d'acceptation de l'autre du niveau 3 devient un intérêt authentique pour le sujet ou la personne au niveau 4. Cette posture, symbolisée par l'expression « Suis-je en intérêt pour », agit comme un déclencheur d'écoute. L'apparente pesanteur de cette formule a pour but d'interpeller sur l'attitude intérieure de « réel intérêt pour » la personne ou le sujet, qui constitue le point de départ d'une véritable écoute. En d'autres termes, elle présuppose une position d'authentique curiosité et d'ouverture à autrui. Au niveau 4, la personne s'enquiert non plus du « quoi » mais du « pourquoi ». Elle délaisse les rivages du seul *sujet* pour aborder ceux de la *personne*, dans son identité et son engagement. Au niveau 4 l'écoute favorise réellement l'échange.

Chacun d'entre nous a déjà eu l'occasion de rencontrer des personnes de niveau 4, ce sont celles dont nous disons bien souvent le lendemain d'une soirée : « J'ai rencontré hier quelqu'un de très sympathique », exprimant ainsi avec nos mots notre ressenti de quelqu'un qui était *avec nous*, et qui a passé beaucoup de temps à …nous écouter.

Cette attitude interne déclenche donc une écoute attentive, active, empathique qui permet à la fois d'installer la relation et d'appréhender le contenu factuel du discours.

L'écoute flottante

Il s'agit de prendre une position méta consistant à ne s'attacher qu'aux liens entre les mots et les émotions, à la structuration du discours, à la symbolique et à l'ambiance. Ce type d'écoute est notamment pratiqué par les *coachs*, et constitue un art subtil permettant d'aller chercher dans un registre différent un sens plus profond à ce qui est dit. C'est ce que Freud en psychanalyse appelle *l'écoute flottante*, ainsi décrite : « *Nous ne devons attacher d'importance particulière à rien de ce que nous entendons et il convient que nous prêtions à tout la même attention flottante.* » Carl Rogers suggérait quant à lui une *attitude de congruence* dans laquelle l'écoutant cherche à se câbler, à être en harmonie avec celui qui parle pour amener ce dernier à l'état que René Char qualifiait ainsi : « *ces mots qui vont jaillir et qui savent de moi ce que j'ignore encore.* » S'il ne s'agit pas ici d'inciter les managers à écouter en permanence de cette façon, laisser traîner l'oreille s'avère néanmoins parfois nécessaire pour capter ce qu'une écoute trop attentive nous empêcherait d'entendre.

En attendant la seconde phrase

De l'attitude interne aux comportements externes, les attitudes d'écoute active ne sont pas singeries dès lors qu'elles sont habitées par cette curiosité permanente. Regarder l'autre, acquiescer, prendre des notes et savoir prolonger sa réflexion par un questionnement, verbal ou silencieux, semblent des recettes simples. Elles coulent d'elles-mêmes lorsque les interlocuteurs sont en symbiose, elles deviennent défi en situation de contradiction. Comme toujours, par « temps clair » le comportement est moins mis à l'épreuve ; la pratique est vraiment installée au niveau 4 lorsque la personne garantit ces comportements externes par « mauvais temps ».

Depuis près de trente ans nous invitons nos participants à cette école de patience, à ne pas anticiper leur jugement, à ne pas couper au premier silence, à accompagner l'autre « jusqu'à sa dernière goutte » ! Cette expression est empruntée à nos grands-mères qui filtraient le café dans un bas et savaient par expérience que la dernière goutte était la plus savoureuse. Le premier pas concret vers la dernière goutte : attendre la seconde phrase !

Il y a quelques années, une action conduite pour le compte d'un laboratoire pharmaceutique auprès de deux mille médecins généralistes nous avait confortés dans ce symbole. Ces derniers utilisent eux-mêmes la métaphore du « symptôme de la main sur la porte » pour signifier que le symptôme exprimé par le patient au moment de quitter le cabinet médical est déterminant pour le diagnostic.

Nous conclurons ce chapitre par un étonnement. Curieusement en effet, si tous les managers s'accordent à dire qu'ils souffrent d'un déficit d'écoute de leur propre hiérarchie, si beaucoup sont prêts à convenir qu'eux-mêmes en manquent singulièrement à l'égard de leurs collaborateurs, peu sont prêts à s'y entraîner et rares sont ceux qui s'évertuent à réellement changer. L'écoute tend à être considérée avec fatalisme comme un attribut que l'on a ou que l'on n'a pas, alors qu'elle s'avère être un terrain à cultiver sans relâche et le reflet d'une attitude plus profonde.

En résumé…

❑ **Niveau 4** Fait preuve de curiosité et d'intérêt envers l'autre, donne de l'espace, aide l'autre à développer sa propre pensée, donne envie de poursuivre, cherche à comprendre ce qu'il y a derrière.

❑ **Niveau 3** Fait preuve d'intérêt pour les sujets qui concernent l'activité, les sujets opérationnels, laisse terminer le développement de l'autre, montre des signes externes encourageants, cherche à comprendre son interlocuteur.

❑ **Niveau 2** Écoute ce qui l'intéresse ou le sert, montre des signes d'impatience, ramène le dialogue à ses propres préoccupations.

❑ **Niveau 1** Ne laisse pas l'autre s'exprimer, s'écoute parler, coupe et interrompt brutalement, ne donne pas de signes externes montrant un quelconque encouragement.

Pas facile d'être un manager de niveau 4… Comment vous situez-vous ? Cochez la situation qui semble le mieux vous correspondre et n'hésitez pas à revenir au contenu de ce chapitre pour vous améliorer…

Chapitre 5

La maîtrise de soi

Éviter la spirale négative

« Si vous avez confiance en vous, vous inspirez confiance aux autres. »

Goethe

Cro-Magnon, hier comme aujourd'hui

Lorsque les situations se tendent, notre peur nous pousse souvent à des réactions instinctives, voire agressives. Nous appelons « réactions Cro-Magnon » ces moments où nous dégainons nos répliques plus vite que nos pensées, où nous constatons laconiquement après avoir réagi : « C'était plus fort que moi, je n'ai pas pu faire autrement. » Dans le vocabulaire des neurobiologistes, on parle de réactions issues de notre cerveau reptilien, qui prend le relais des pensées logiques dès lors que notre survie est en jeu. Quand le professeur Laborit parlait de manière provocante de « l'automobiliste du Neandertal » dans les années 60, il évoquait les réactions de violence d'un homme dépourvu de sa partie pensante, comme si le néocortex des conducteurs, siège de la logique, était subitement inhibé…

Laborit démontre dans *La Colombe assassinée* que les types d'interactions qui s'établissent entre les individus ne sont pas aléatoires mais résultent de l'activité de leur système nerveux.

Toutes les actions générées par l'organisme et son système nerveux n'ont qu'un but : maintenir la structure même de l'organisme et son équilibre biologique. Claude Bernard a écrit dès la fin du XIXe siècle que « *la constance des conditions de vie dans notre milieu intérieur était la condition nécessaire à notre vie libre et indépendante* ». Ce concept fut appelé « homéostasie » dans les années vingt par Cannon, un physiologiste américain. « Constance des conditions de vie dans notre milieu intérieur » et « homéostasie » expriment un état d'équilibre qui nous pousse, comme les forces d'un champ magnétique, à toujours fonctionner de la même manière. L'individu ou l'entreprise en tant que système tend à réagir en vue de résister aux modifications internes qui pourraient advenir.

Sur ce point, les spécialistes de l'épistémologie issus du *radical constructivism* rejoignent les psychologues issus de l'analyse transactionnelle : si les acteurs participent toujours au même jeu malgré leurs souffrances, c'est qu'ils y trouvent un avantage primordial, celui de maintenir le « système » en l'état.

Sommes-nous loin du management en abordant ces sujets ?

Pas tant que cela. Lorsque nous évoquons Cro-Magnon, nous regroupons les réactions instinctives qui nous avertissent d'un danger pour notre survie et celles qui, au final, cherchent à maintenir une certaine constance. Si le manager ne perçoit pas les réactions agressives de ses interlocuteurs comme des réponses à une menace personnelle (identité, territoire, équilibre), comment peut-il gérer ces réactions souvent très émotionnelles, notamment lors de changements forts ?

À ce stade de notre réflexion, nous pouvons distinguer aux deux extrêmes notre manager de niveau 1 qui code les interventions d'autrui comme des déclarations de guerre et celui de niveau 4 qui sait traduire ces mêmes réactions et y voir une déstabilisation potentielle de son interlocuteur pour mieux s'en préoccuper.

Trois pièges pour un filtre

Lors du chapitre consacré au filtre, nous en avons distingué les tenants et les aboutissants sans aborder les mécanismes qui le parasitent. Quels sont-ils ?

La projection

À suivre Sacha Guitry, la projection (du latin *projectio*, « jeter en avant ») d'un paranoïaque peut le rendre semblable à ce spectateur qui regarde un match de rugby dans les tribunes et qui, au moment d'une mêlée, se retourne vers son voisin et lui dit : « Que disent-ils tous de moi ? »

La projection consiste à prendre en quelque sorte son filtre et à le plaquer sur la réalité. C'est une opération psychique qui permet au sujet de localiser à l'extérieur ce qui se situe en fait à l'intérieur de lui et donne sens à ses réalités. Elle est donc à la fois structurante et dangereuse : en effet, comme nous l'avons déjà souligné, l'être humain ne peut distinguer les stimuli externes des représentations internes. La projection nous pousse parfois à des interprétations abusives qui peuvent nous faire perdre la maîtrise de la situation. C'est ce qui conduit par exemple un manager lors d'une réunion à interpeller deux participants, s'imaginant que leurs rires sont autant de moqueries à son égard ou à rabrouer un autre participant dont le regard évasif est pris pour un désintérêt total du sujet…

La fixation

Elle peut se définir comme une interprétation de la réalité qui se fige, une image arrêtée d'une réalité en mutation. Tout se passe comme si, à un moment donné, la touche « pause » était enclenchée alors que le film continue. « Nous avons toujours fait comme ça et il n'y a pas de raison pour que ça change ! » : l'affirmation, péremptoire, indique bien que l'individu n'accepte plus de nouvelles informations. Il se bloque. La personne finit par regarder l'avenir dans son rétroviseur et perdre pied avec les réalités d'aujourd'hui…

L'identification

Souvent, lorsque l'on entend : « Votre travail est mauvais ! », on comprend : « Vous êtes mauvais ! » Prenons l'analyse de résultats lors d'une réunion de travail et l'exemple d'un directeur régional qui devient livide : sans doute se sent-il personnellement attaqué alors que l'accent était mis sur les résultats de son département. En l'espèce, le filtre ne joue plus son rôle. Il devient poreux et ne traite plus l'information. Voilà qui menace encore la maîtrise de soi. Une fois dans ce type de situations, Cro-Magnon ressort sa massue ou rentre effondré dans sa caverne. Il s'agit de trouver un équilibre entre l'identification et le détachement, que nous appellerons l'engagement. Quel réflexe émotionnel développer pour faire face à ces situations ?

Le réflexe émotionnel SQRC

Extrait de dialogue entre un manager et son collaborateur :

> « Non mais enfin, vous le faites exprès, ou quoi ? Vous savez ce que c'est un bud-get !? »
> – Ben vous alors, le jour où vous poserez une question sans beugler, les poules auront des dents ! »

Avons-nous vraiment besoin d'aller plus loin pour deviner la suite du dialogue et son issue ? Chacun voit déjà se profiler la spirale négative qui va s'enclencher inéluctablement si aucun des deux protagonistes ne prend le courage de gérer le dérapage.

Marquer une pause

Comme dans toute situation où les tensions s'exacerbent, le premier réflexe consiste à prendre une profonde inspiration. Physiologiquement, cette inspiration va apporter un afflux d'oxygène au cerveau et calmer les émotions en présence – l'objectif est de recouvrer sa lucidité. Ainsi, marquer une pause lorsque l'atmosphère vire à l'orage nous prémunit d'une réaction instinctive spontanée, ce qui apaise à la fois notre Cro-Magnon prêt à frapper et calme aussi celui d'en face déjà en action. Encore faut-il que ce silence soit un moment de présence à soi et à l'autre, et non pas une manière habile de lui échapper ou de le déstabiliser. Parfois d'ailleurs, lui-même se rend compte à ce moment-là du ton menaçant employé et en profite pour rectifier : « Comprenez que les budgets doivent impérativement être bouclés pour la fin de la semaine. » Cette respiration, ce temps de silence (parfois trois secondes suffisent), nous permettent aussi d'éviter de tomber dans la justification immédiate : « Je n'ai pas eu le temps de vérifier le budget car je devais répondre à un client qui… » Ces justifications ne font que marquer nos faiblesses, montrer nos limites et nous placent souvent dans une position de victime, offrant à l'autre la tentation de jouer le rôle de persécuteur et renforcer ainsi son Cro-Magnon. Il vaut mieux être en retard d'une question qu'en avance d'une réponse ! Mieux vaut pousser l'autre à combler le retard par des questions de détail que d'anticiper toutes celles qu'il aurait pu nous poser… et affaiblir notre position à ses yeux.

Donner une quittance

C'est donner à l'autre un accusé-réception de sa communication, c'est prendre en compte ce qu'il vient de dire. Pour reprendre le chapitre consacré à l'attitude intérieure positive, c'est, à partir d'une position (+,+), se dire qu'il y a forcément une forme de légitimité à la source de la remarque, même si la forme laisse à désirer. Il y a plusieurs manières d'adresser une quittance, la plus simple consistant à reformuler. La reformulation apporte à l'autre un effet miroir à condition qu'il ne s'agisse pas d'appliquer une sorte de formule magique. Lorsqu'elle en est réduite au seul aspect technique, elle n'apporte plus rien. Elle devient répétition, paraphrases de perroquet, indifférence et froideur. Le plus souvent la quittance joue le rôle d'accusé-réception des faits : « Oui, je sais qu'au moment des budgets il faut rester vigilant sur les délais. » Le « oui » connecte, le « non » déconnecte. Le « non » sépare, le « oui » réunit. Le « oui » signifie tour à tour « je comprends », « je respecte votre point de vue », « je prends acte ». À condition, toutefois, de ne pas l'assortir d'un « mais » qui au final ne fait ressortir que la négation. Il faut lui préférer un « oui et », qui jette les bases d'une solution. Le tableau ci-dessous donnera un bref résumé de ces deux attitudes qui diffèrent d'une conjonction de coordination tout en synthétisant pourtant un monde de différences…

Oui et	Oui mais
Construit	Détruit
Futur	Passé
Avec l'autre	Contre l'autre

Engagement *OUI j'ai envie de faire le tour du monde ET je n'ai pas assez d'argent*	Renoncement *OUI j'ai envie de faire le tour du monde MAIS je n'ai pas assez d'argent*
Conduit à la solution *OUI je n'ai pas fait mon budget dans les temps ET je m'engage à le faire pour telle date*	Conduit à la justification *OUI je n'ai pas fait mon budget dans les temps MAIS j'avais trop d'autres missions en parallèle*

Jointe à une attitude bienveillante, la quittance déminera les situations les plus explosives.

Apporter une réponse

La quittance ne suffit pas toujours à rééquilibrer l'échange et peut laisser l'autre en attente. Certaines questions, remarques, critiques appellent une vraie réponse. Cette dernière sera d'ailleurs d'autant plus entendue que la quittance aura au préalable pris en compte la réaction instinctive, géré l'émotion négative pour enfin permettre à l'information de pouvoir atteindre la pensée claire. En général, les situations tendues appellent des réponses courtes. S'embourber dans les explications donne l'impression de chercher à se dédouaner.

Oser questionner en retour

Cela permet de boucler la boucle et de redonner la parole à l'autre. La question en retour permet au moins de valider que la réponse est conforme aux attentes de l'interlocuteur. Elle devient alors contrôle : « Ai-je répondu à votre question ? » Elle peut aussi être une demande de précision préalable à la réponse, du type : « Qu'entendez-vous par… » ou l'occasion de reprendre le débat à son compte et de diriger la conversation sur un sujet moins polémique : « Votre réaction m'amène à… Que pensez-vous de… ? » Dans certaines situations, une stratégie d'évitement est préférable à un affrontement stérile. Sans pour autant transformer la conversation en jeu de ping-pong, force est de constater qu'une vive critique ne peut être analysée avec recul qu'au bout de quelques échanges.

Concrètement, nos managers réagissent de la façon suivante. Au manager de niveau 1 qui l'interpelle ainsi : « Non mais enfin vous le faites exprès ou quoi ? Vous savez ce que c'est un budget !? » le manager de niveau 2 répondrait sans doute : « Je n'ai pas eu le temps avec tous les dossiers que vous m'avez demandés de traiter en priorité. » Au niveau 3, la réponse serait nuancée par un «... Je comprends votre souci et je n'ai pas pu le terminer ; pour quand vous le faut-il ? » pour devenir au niveau 4 «... Je sais que vous avez une forte pression sur les épaules et que les délais à respecter sont courts ; je dois recevoir l'intégralité des chiffres demain, comment d'ici là puis-je vous aider au mieux ? » Les quatre temps SQRC du réflexe émotionnel – **s**ilence/**q**uittance/**r**éponse/**c**ontre-question – se résument donc à une contre-attaque au niveau 1, une défense offusquée au deuxième niveau, une réaction assez neutre au troisième et une réelle prise en compte au quatrième.

Le réflexe SQRC est finalement à la communication ce que l'Aïkido est aux sports de combat : il s'agit d'utiliser l'énergie de l'autre. Le paradoxe réside dans son utilité et son accessibilité : au moment-même où il est indispensable il devient difficilement disponible voire inaccessible ! Le réflexe comportemental ne saurait donc être dissocié d'un travail personnel en profondeur.

Quels neurones développer pour faire face aux tensions relationnelles ?

Les neurones de l'intelligence émotionnelle

Ce concept rendu célèbre grâce au surprenant livre de Daniel Goleman se base sur des années de recherches réalisées par de nombreux scientifiques. Le constat est brutal : à QI égal, plus les personnes ont une intelligence émotionnelle élevée, plus ils réussissent dans leur voie.

Quelles aptitudes dès lors développer ?

Dissocier l'intention prêtée de l'impact émotionnel

Lorsque nous sommes touchés par une remarque, nous perdons souvent en lucidité et il est tentant d'accuser autrui, de lui prêter une intention négative. Or, accuser l'autre est une bonne manière de détériorer la relation. Personne n'apprécie réellement d'être pointé du doigt ou blâmé. On a vite fait dans une réunion de se dire « Il a fait cette remarque *pour* me rabaisser » au lieu de surveiller notre petite voix intérieure et savoir se dire « Il a fait cette remarque *et cela* me touche ». En d'autres termes, remplaçons le questionnement interne du type « Que me veut-il ? » par « Que veut-il ? »

Cette dissociation entre l'intention négative prêtée à notre interlocuteur et l'impact émotionnel distingue nettement nos managers de niveau 1 voire 2 des managers de niveau 3 ou 4 : quand les uns accusent, les autres accusent réception.

Oser la quittance émotionnelle

Comment arriver à faire taire sa petite voix interne ? Comment garder sa lucidité ? Rien de plus difficile. La « gestion des émotions » ne s'apprend pas à l'école ! Prenons la colère comme exemple. Nous avons été éduqués à nier ou à réprimer la colère que nous pouvions éprouver et à nous sentir très coupables lorsque nous l'exprimions. De manière générale, nous avons été amenés à croire que manifester ses émotions était une marque de faiblesse. Pour poursuivre avec la colère, nous la retenons souvent le plus longtemps possible, comme un plongeur qui, sous l'eau, tente de retenir sa respiration. À trop longtemps contenir ses émotions, on finit par perdre son sang-froid : nous agissons alors comme si nous avions perdu l'esprit et nous nous mettons à blâmer, crier, accuser, chercher un coupable, refuser d'écouter, menacer, faire du chantage, rabaisser l'autre... La maîtrise de soi passe aussi par la capacité à canaliser l'expression de ses émotions.

Quatre émotions transculturelles

Paul Ekman, de l'université de San Francisco, a mis en évidence quatre grandes catégories d'expressions faciales transculturelles : celles qui manifestent la peur, la colère, la tristesse et la joie. Aussi variés soient les sentiments, ils se déclinent toujours à partir de ces noyaux émotionnels (dont l'origine étymologique, *e motere*, signifie « mouvoir vers l'extérieur »).

À la ***colère,*** on peut associer le sentiment d'être excédé, fâché, énervé, piqué au vif, agacé, insatisfait, ulcéré, frustré, amer, révolté, exaspéré, haineux, poussé à bout, horripilé, furieux...

De la ***tristesse,*** peuvent dériver le sentiment d'être abattu, fatigué, abasourdi, épuisé, confus, blessé, malheureux, désolé, déprimé, découragé, dépité, affligé, amer, nostalgique, seul, embarrassé, humilié, rejeté, désabusé...

La ***peur*** peut avoir de nombreuses déclinaisons : se sentir anxieux, démuni, inquiet, mal à l'aise, désorienté, faible, inhibé, tendu, incertain, craintif, coupable, paniqué, timide, troublé, atterré, crispé, effaré, effrayé, défensif, perdu, coincé, jaloux, méfiant, soupçonneux, sceptique, impuissant...

À la ***joie,*** enfin, peuvent être rattachés le sentiment d'être ravi, plein d'énergie, d'entrain, d'espoir, de ferveur, heureux, drôle, décontracté, spontané, enthousiaste, chanceux, gai, joyeux, passionné, optimiste, positif, satisfait, content, léger...

Dans la gestion des émotions, la quittance joue un rôle majeur. Si le manager de niveau 3 fait porter sa quittance sur les faits, sur le contenu du message, au niveau 4 il sait nommer les émotions en présence, les partage sans intention accusatrice. Pour reprendre l'exemple de l'énervement budgétaire par lequel nous débutions ce chapitre, les quittances pourraient être du genre « Je suis conscient du problème et croyez bien que je partage votre souci » ou encore « Je comprends que cette situation vous exaspère et j'imagine que vous êtes vous-même coincé par les délais. » Ce sont des sujets pour lesquels il est difficile d'installer et de maintenir sa pratique au niveau 4. Le glissement vers les niveaux 1 ou 2 est rapide : il suffit d'interpréter les actes des autres (« Vous m'exaspérez avec votre manière de toujours insinuer que... ») ou de nommer une émotion suivie d'un « parce que... » lié à un problème ou une personne (« Je suis vexé parce que vous ne me faites pas confiance ») pour quitter le niveau 4 et dégringoler rapidement. La sanction est en général immédiate.

La clé de voûte d'une communication émotionnelle se trouve sans doute dans la capacité à dissocier les faits des émotions et à prendre acte en permanence du besoin non satisfait : « Je me sens ... (émotion/sentiment), parce que je... (besoin). »

Rechercher désespérément le besoin caché

« Juger quelqu'un est toujours l'expression d'un besoin personnel insatisfait » constate Marshall Rosenberg, à qui fait écho Taïbi Kahler quand il affirme que « la non-satisfaction des besoins psychologiques est la source principale de mécommunication ».

Il est dans la nature humaine d'exprimer davantage ce que l'on ne veut pas. Les plaintes sont plus fréquentes que les demandes. Dès lors qu'il n'est pas exprimé explicitement, positivement, ce besoin devient « caché » aux yeux des autres. Caché ne signifie pas pour autant mystérieux, car, somme toute, les besoins de l'être humain ne sont pas infinis. Il est possible de les regrouper autour de besoins physiologiques de base (nourriture, faim, soif, toucher, sommeil...), de sécurité (protection morale, physique...), d'inclusion (considération, estime, citoyenneté, appartenance...) mais aussi d'individuation (statut, autonomie) ou encore d'accomplissement (rêves, réalisations, harmonie, spiritualité...).

Bref, gardons au final l'idée de besoins qui s'imposent à tous et dont la lame de fond tourne globalement autour du besoin d'être reconnu. Lorsque nous sommes impliqués dans une conversation tendue, le fait de garder à l'esprit en permanence la question « Quel est son besoin ? » joue un rôle déterminant à plusieurs égards : cela nous évite d'être aspiré dans une spirale négative, nous permet une prise de conscience, de voir quel besoin n'est pas satisfait, et favorise la levée de l'embargo émotionnel dans la mesure où nous donnons une légitimité au dérapage de l'autre.

Ces « neurones de l'intelligence émotionnelle » ont été récemment développés et renforcés par notre collaboration avec Marshall Rosenberg, le fondateur de la communication non violente (CNV) dont la pensée se résume autour des quatre composantes suivantes :

- observation : j'observe un comportement concret qui affecte mon bien-être ;
- sentiments : je réagis à ce comportement par un sentiment ;
- besoins : je cerne les désirs, besoins ou valeurs qui ont éveillé ce sentiment ;
- demandes : je demande à l'autre des actions concrètes qui contribueront à mon bien-être.

Pour finir, l'expression « maîtrise de soi » peut donner à penser que tout se joue dans un dialogue interne. Or tout se joue également dans la capacité à nouer un dialogue avec son environnement, à comprendre les besoins de ses interlocuteurs. Ainsi, maîtrise de soi et maîtrise de sa communication en situation tendue sont étroitement liées et s'alimentent mutuellement, formant l'image d'un cercle vertueux.

En résumé...

❑ **Niveau 4** Utilise le « oui et », construit avec une finalité positive. Donne des quittances sur les faits, les émotions en présence, le besoin caché. Sait dissocier l'impact ressenti de l'intention. Coopère même en situation d'adversité.

❑ **Niveau 3** Utiliserait plutôt le « oui certes », respecte le propos de l'autre. Donne des quittances sur les faits, sur ce qui est dit, reformule. Ne donne pas dans les procès d'intention. Respecte l'adversité.

❑ **Niveau 2** Utilise le « oui mais », défend ses positions, contre-attaque, veut avoir raison. Donne peu de quittance. Doute des intentions de l'autre. Se défend face à l'adversité.

❑ **Niveau 1** Le « oui » est un mot arraché de son dictionnaire, veut faire plier l'autre. Ne donne aucune quittance. Prête des intentions négatives à autrui, menace. Se montre hostile à l'adversité.

Pas facile d'être un manager de niveau 4... Comment vous situez-vous ? Cochez la situation qui semble le mieux vous correspondre et n'hésitez pas à revenir au contenu de ce chapitre pour vous améliorer...

Chapitre 6

Le méta-message

Le message… au-delà des mots

« L'essentiel est invisible pour les yeux. »
Antoine de Saint-Exupéry

Tous nos messages sont pollués

Pensez un instant à ce qui se joue entre deux interlocuteurs qui cherchent à communiquer.

Entre…
Ce que je pense,
ce que je veux dire,
ce que je crois dire,
ce que je dis,
ce que vous voulez entendre,
ce que vous entendez,
ce que vous croyez comprendre,
ce que vous voulez comprendre,
et ce que vous comprenez,
…il y a neuf raisons de ne pas bien se comprendre !

C'est en partie ce qui nous a fait inscrire au rang de nos principes directeurs le présupposé suivant :

LA (BONNE) COMMUNICATION N'EST PAS NATURELLE

Chacun s'exprime avec des mots, expressions et attitudes qui lui sont propres et qui n'ont pas nécessairement le même sens pour l'autre ; mal se comprendre procède donc d'une certaine « normalité ».

Pour résumer les neuf sources de mauvaise communication en trois grandes étapes :

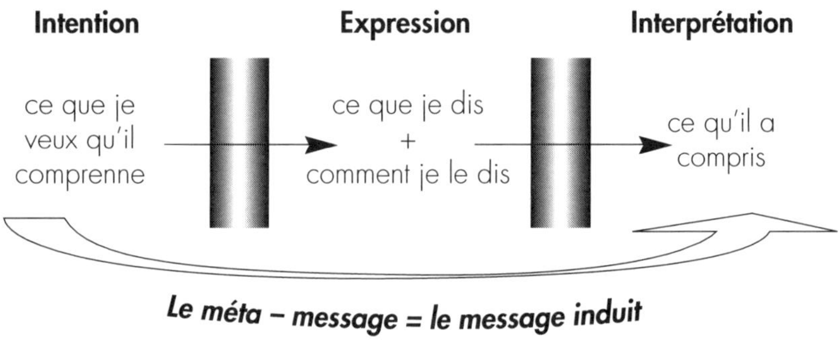

Le méta-message est le message perçu au-delà des mots. Il est constitué par le ton, les gestes, le moment, le lieu, l'historique de la relation. Son existence même rend la transmission fidèle de l'intention quasi-illusoire. N'est-ce pas d'ailleurs ce qui fait tout le charme de la communication dite « humaine » ?

Avant d'entrer plus en détail dans ce processus, arrêtons-nous un instant sur l'origine même du langage et ses conséquences sur la communication.

Le langage n'est pas une fonction naturelle. Le célèbre texte de Jean Itard sur le sauvage de l'Aveyron, repris par le film de François Truffaut *L'enfant sauvage*, en atteste : le petit Victor retrouvé à l'âge adolescent ne parviendra jamais à maîtriser le langage. Le langage naît dans et avec la culture, il incarne toujours un environnement social et culturel bien précis. Aussi toute traduction contient-elle sa part de trahison, dire « la même chose » dans une autre langue étant une tâche impossible. La communication entre personnes de cultures différentes part donc d'emblée avec un handicap. Si ce n'était pas déjà suffisant, à périmètre de culture et de langue identique, deux difficultés se superposent. La limite des mots tout d'abord ; Bergson contestait la possibilité d'une réelle expression par le langage, les mots à notre disposition étant impuissants à exprimer toutes les nuances de nos émotions et de nos pensées. Ce que l'on pourrait appeler le « coefficient de brouillage » ensuite ; nos signes, gestes, et autres codes non verbaux (souvent non conscients) induisent des messages implicites.

L'intention, la prise de courant du message

L'être humain n'agit pas (ou tout du moins pas seulement) selon une causalité mécanique ou dans une simple logique de stimulus-réponse. Au point de départ se trouve une intention, une « prise de courant » qui donne l'impulsion première à l'acte de communiquer. C'est cette intention qui va revêtir le comportement d'une signification. Elle contient en elle-même une double caractéristique : elle est incontournable et inobservable. Elle peut être en effet considérée comme source de tout comportement sans pour autant être lisible par autrui. Ainsi, tout en constituant un élément déterminant dans l'appréciation des pratiques comportementales, l'intention n'a pu être traduite sur notre « échelle 4-niveaux » puisqu'elle est, par nature, intangible. Elle est tantôt la manifestation d'un déterminisme, tantôt la simple adaptation à la situation. Le fondement de nos propos et de nos actes, nos intentions, sont tout simplement ce que les juges cherchent à comprendre et à apprécier lorsqu'un crime est commis : acte volontaire et délibéré ou non ?

Psychologiquement, la notion d'intention ne saurait être déconnectée de celle de « besoin ». Et puisqu'en matière de communication rien n'est simple, au moment même où l'émetteur arrive avec une intention (consciente ou non) et veut initier la communication, une transformation s'opère : par le simple fait qu'il soit mis en présence de son interlocuteur et par ce que cet interlocuteur représente pour lui, il subit une influence sans le vouloir forcément. L'autre représente déjà une information, et comme le soulignait Gregory Bateson, « *recevoir une information, c'est déjà être transformé par elle* ».

En somme, les managers de niveau 4, lorsqu'ils sont en position d'émetteur, cherchent souvent à clarifier leur intention personnelle avant d'entamer un entretien difficile. Ils vont jusqu'à formaliser leur but, l'objectif à atteindre. À l'inverse, aux niveaux 1 et 2, le manager s'affranchit de ce travail de clarification et se retrouve ballotté au gré des interactions.

Le méta-message, c'est plus fort que toi !

Le méta-message est fait de signaux non verbaux que le récepteur perçoit et analyse. En d'autres termes, c'est le message derrière le message, le message dans le message, celui qui est caché ou induit. Il peut donc venir renforcer le message. Pour prendre un exemple, un sourire venant appuyer une félicitation verbale donnera à cette dernière un accent de sincérité. On parle alors d'un message congruent, terme désignant une situation de communication où toutes les expressions sont en accord avec le message verbal. Mais une expression neutre, plate, sans sourire ou sans expression positive, peut signifier que le message n'est pas sincère. Le message devient alors ambigu car les mots disent quelque chose et le méta-message autre chose.

Le concept de méta-communication a été introduit par Gregory Bateson, le père fondateur de l'école de Palo Alto. La méta-communication est un acte de communication entre deux agents qui communiquent quelque chose sur la communication elle-même, sur la relation elle-même ou encore sur les deux. C'est la communication sur la communication. Pour prendre un exemple qui peut se prêter à la caricature : quand je donne une gifle, je communique ; et si je t'explique que « c'est pour ton bien », je méta-communique !

La perspective des interactions développée par Paul Watzlawick, à qui le courant des comportementalistes doit beaucoup, a été synthétisée dans un axiome : « Dans toute communication, il y a le *contenu*, (ce qui se dit et se fait) et la *relation* (la façon dont chacun interprète le contenu), tel que la relation est une méta-communication. » Il met derrière le terme de méta-communication l'aspect relationnel de l'interaction. La méta-communication dit : « Voilà comment je me vois, voilà comment je te vois, voilà comment je te vois me voir. »

Tout acte de communication en dit long sur la relation entre les interlocuteurs.

Ainsi, lorsqu'un manager décide d'aller voir un collaborateur dans son bureau, de l'inviter à déjeuner, de s'asseoir dans une réunion sur le côté et non au centre, chaque choix traduit un rapport hiérarchique entre le manager et son équipe. Le méta-message est parfois plus important que le message lui-même. Un exemple ? Lorsqu'un manager demande l'heure à un collaborateur qui arrive au bureau vers dix heures du matin, tout le monde aura compris que le message se situe à un autre niveau qu'à celui des deux aiguilles de sa montre.

Le décodage ne peut s'opérer sans la connaissance du contexte (historique de la relation, existence d'un rapport hiérarchique, d'un enjeu…) ; il se tisse entre les acteurs une toile de fond, une ambiance de relation, une atmosphère entre les interlocuteurs. Peut-on par exemple dissocier l'agressivité d'un manager au cours d'une réunion à l'encontre d'un de ses collaborateurs de la passivité de ce dernier sur un dossier précédent ?

Cette capacité à accepter la complexité sans pour autant s'y noyer reste une marque distinctive du manager de niveau 4.

Un méta-message se définit-il toujours en fonction d'un message ? Non, car même en l'absence de message il y a un méta-message. Par exemple ne pas rappeler volontairement un client après avoir envoyé une offre de service a une signification profonde, tout comme le fait de le rappeler le lendemain pour savoir s'il l'a bien reçue.

En d'autres termes, nous ne pouvons pas ne pas communiquer, chacun de nos actes produit du sens.

Si le méta-message peut trahir, il peut aussi renforcer le message. Notre propre expérience nous permet de constater que nous parvenons à « dire » des choses sans les dire explicitement. À travers des présuppositions, des insinuations, des sous-entendus, des actes indirects on « dit » toujours plus que ce qui est réellement dit.

Les premiers instants d'une communication sont sans doute ceux où les méta-messages importent le plus ; ils donnent la tonalité de la communication. Accueillir un collaborateur en fermant la porte de son bureau et en marquant un long silence n'a pas la même portée symbolique que de lui taper amicalement sur l'épaule et de commencer cordialement la conversation à la machine à café ! Le méta-message crée souvent la première impression. Dans ces premiers instants, l'émetteur génère souvent inconsciemment une myriade de signaux au moment même où les capteurs du récepteur sont le plus en éveil. La sensibilité aux détails et aux méta-messages s'en trouve exacerbée. Attention à bien les interpréter : cette première impression perdure comme un mauvais pli qui ne part jamais, même après repassage.

Les pratiques comportementales erratiques sont très caractéristiques des managers de niveau 1 : elles superposent des méta-messages souvent en opposition au message lui-même, créant immédiatement une distorsion forte dans la perception. Semer la confusion peut s'avérer une tactique de négociation, une manière de souffler le chaud et le froid, mais le plus souvent cela dénote inconsistance et incohérence. Plus on se rapproche du niveau 4, plus la congruence entre message et méta-message est forte. Au niveau 4, la convergence entre le dit et le non-dit crée l'impact de la communication.

On ne gère que des impressions

Maintenant que le message est passé avec plus ou moins de congruence, appuyé par un méta-message plus ou moins cohérent, le tout arrive au récepteur. Au risque de nous répéter, nous ne sommes pas dans une opération binaire et simpliste dans laquelle arrive du pétrole brut qu'il nous suffit de traiter, de raffiner. En termes de communication, nous passons du compliqué au complexe. Nous sommes en présence d'unités multipolaires dont le matériau brut a déjà été altéré avant extraction, dès son contact avec l'oxygène. Les transformations en boucle finissent par amener au raffinage un pétrole dont le composant relève plus de l'alchimie que de la seule chimie !

Néanmoins, l'opération d'interprétation doit prendre place. Cette action se fait comme un décodage par inférences, qui fait que l'on entend souvent ce que l'on veut entendre ou ce que l'on a peur d'entendre.

À propos de décodage…

Le sociologue Bourdieu définissait ainsi ce décodage : « *Chaque récepteur contribue à produire le message qu'il perçoit et apprécie en y important tout ce qui fait son expérience singulière et collective.* » (*Ce que parler veut dire*, Fayard, 1982). Rappelons une fois encore que la communication est un système complexe, dynamique, avec rétroactions constantes, et dont l'enjeu dépasse les simples transfert et distribution d'informations. Ce qui est en jeu, c'est souvent le regard de l'autre, ce regard qui va confirmer ou infirmer l'image que nous avons de nous-mêmes. Ceci est un enjeu fondamental qu'on ne saurait sous-estimer.

Goffman a imaginé la vie sociale comme une scène de théâtre. Cette métaphore colle bien avec l'idée de méta-message : on écoute la partition jouée sur scène et on ne soupçonne pas tout ce qui se passe en coulisse. La plupart du temps, en effet, nous agissons sans vraiment faire attention à l'ensemble des informations que nous recevons. Nous opérons alors un traitement périphérique. Par souci d'économie on se laisse influencer par des indices indépendants du contenu. Par exemple, les indices de surface ou de structure du message : sa longueur, le nombre d'arguments, l'importance des statistiques. Ou bien les indices de la source du message : la sincérité, la sympathie, la compétence perçues. Ou encore les réactions favorables ou non de l'auditoire.

La prescription est pourtant simple : il faudrait accuser réception de ce tout ce qui est perçu comme potentiellement ambigu. Il faudrait démêler le message (le sens des mots) du méta-message (le sens perçu). Or, comme nous l'avons déjà dit, certains messages sont consciemment distillés par l'émetteur, d'autres totalement créés, de manière inconsciente, voire abusivement interprétés par le récepteur. Intention volontaire ou involontaire d'une part, intention prêtée d'autre part, les risques de mauvaise interprétation sont nombreux. La distinction entre le sens de surface et le sens profond, souvent dissimulé, n'est pas nouvelle ; l'ironie est un bel exemple d'un méta-message qui prend la tangente et laisse l'autre perplexe. Si les méta-messages sont audibles dans leur silence, ils apparaissent souvent de manière critique. D'où les réactions exacerbées lorsqu'un manager veut prodiguer un conseil qui est perçu comme une ingérence inamicale et inappropriée.

Que faire pour ne pas entrer dans ces ornières ?

La garantie d'une bonne communication permanente fait partie des leurres dont il vaut mieux avoir conscience. Qu'est-ce qui peut néanmoins permettre d'en limiter les écarts ?

Pour l'émetteur, cela consiste à formuler et reformuler son intention pour éviter les risques d'interprétations abusives. Cadrer son propos. Et, dès que le message semble déraper de son intention d'origine, préciser le sens, recadrer. Méta-communiquer remplit une fonction essentielle de régulation, telle la remarque « Je crois percevoir un doute en vous » en réaction à un froncement de sourcils de notre interlocuteur.

Pour le récepteur, il s'agit d'accuser réception du ressenti pour donner la chance à l'émetteur de rectifier sur-le-champ si besoin. La confrontation s'avère parfois aussi nécessaire : « Comment dois-je interpréter… ? » est sans aucun doute une question qu'il faudrait sortir comme un joker dès lors que le doute surgit. Comment dois-je interpréter votre silence ? Comment dois-je interpréter le fait que vous en ayez parlé à Pierre ? Comment dois-je interpréter votre phrase lorsque vous dites… ? Avant d'en arriver à cette question « confrontante », des contre-questions de précision sont précieuses : « Qu'entendez-vous par… ? » permet souvent de resituer l'intention de l'émetteur.

La méta-communication devient même incontournable lorsque la communication est rompue : elle constitue en effet le passage obligé pour en analyser ensemble les raisons et pour pouvoir ensuite la restaurer.

En résumé...

- ❑ **Niveau 4** Comprend que les relations s'inscrivent dans une approche systémique, formalise ses intentions de manière à se faire entendre de l'autre, parle avec congruence entre son message et son méta-message, valide la réception de son message, s'enquiert de la perception de l'autre, répare les distorsions en alignant les perceptions, se confronte à l'autre si le besoin s'en fait sentir.
- ❑ **Niveau 3** Comprend que les relations ne sont pas qu'une simple opération mathématique, réfléchit à son but avant de parler, évite les écarts entre message et méta-message, cherche à comprendre si l'autre a bien perçu son message, sait accuser réception du décalage de perceptions sans forcément le traiter.
- ❑ **Niveau 2** Ne tient compte que de la situation du moment sans l'englober dans sa totalité, parle avant de réfléchir, provoque le doute par une inconsistance entre le message et le méta-message, ne cherche pas à savoir ce que l'autre a perçu, se montre susceptible aux méta-messages de l'autre et n'en tient pas compte.

❑ **Niveau 1** Raisonne de manière binaire, diffuse en permanence des méta-messages en opposition au message, crée des distorsions, part du principe que l'autre est une andouille s'il ne comprend pas son message, code les méta-messages de l'autre de manière négative et attaque en retour plutôt que de chercher à comprendre.

Pas facile d'être un manager de niveau 4… Comment vous situez-vous ? Cochez la situation qui semble le mieux vous correspondre et n'hésitez pas à revenir au contenu de ce chapitre pour vous améliorer…

Deuxième partie

LES PRATIQUES EN SITUATION DE MANAGEMENT

CHAPITRE 7

La fixation des objectifs

Le syndrome de la balançoire

« Celui qui n'a pas d'objectifs ne risque pas de les atteindre. »

Sun Tzu

Un incontournable

Consciemment ou inconsciemment, rationnellement ou intuitivement, nous poursuivons tous des buts plus ou moins concrets. Le sens que nous donnons à notre existence en constitue un, d'essence supérieure, duquel procèdent tous les autres. Peu importent son nom (vision, mission, raison d'être, etc.), son degré de formalisation, ou même le niveau de conscience que nous en avons, il est là, en nous, tout autour de nous. Même celui qui ne se fixe aucun objectif dans la vie poursuit au moins un but implicite : celui de survivre.

Pour retrouver ce but, il suffit de se poser la question « Pourquoi ? » Pourquoi faisons-nous ce que nous sommes en train de faire ? Pourquoi êtes-vous en train de lire ce livre ? Pourquoi voulez-vous devenir un manager plus efficace ? Pourquoi… ? Tout part de là ! Ou plutôt tout va là !

Nos gestes quotidiens concourent à la réalisation d'objectifs plus ou moins conscients et plus ou moins concrets.

La fixation de ces objectifs résulte implicitement de notre façon d'appréhender le paradoxe entre les approches dites « délibérée » ou « émergente ». Dans quelle mesure voulons-nous diriger, initier, déclencher, planifier ou bien observer, saisir les opportunités, surfer, improviser... Chacun d'entre nous gère ce paradoxe à sa façon, que ce soit dans sa vie privée ou dans sa vie professionnelle ; et pas forcément de la même façon dans les deux situations. Un manager adepte de l'approche « délibérée » dans son travail, systématisant la planification, pourra apprécier des vacances « sac à dos » totalement improvisées.

Pourquoi éprouvons-nous le besoin de nous fixer des objectifs ?

Quels bénéfices y trouvons-nous ?

Prenons l'exemple d'un marathonien. S'il s'engage dans une telle entreprise, c'est parce que, là encore, il poursuit un objectif de départ plus ou moins formalisé, plus ou moins conscient (se prouver à lui-même ou montrer à d'autres qu'il peut y arriver, vivre une aventure collective avec un groupe d'amis, améliorer sa performance personnelle de x minutes ou encore battre tel record). Puis arrive le syndrome du trente-troisième kilomètre. Et là, tous les initiés s'accordent à le dire : pour réussir à passer ce cap où la fatigue et la douleur se font sentir, il faut non seulement avoir un objectif motivant en ligne de mire, mais encore se fixer des objectifs intermédiaires à très court terme : le prochain virage, le prochain arbre, un pas dérisoire, sur lequel concentrer son attention afin de ne pas abandonner, découragé par l'ampleur du chemin qu'il reste à parcourir.

On a là l'illustration des vertus essentielles de l'existence d'objectifs : elle motive, elle aide et augmente les chances de succès ! Elle permet de tendre tous les efforts vers ce but ! Se concentrer sur des objectifs à court terme permet de se découvrir des surcroîts d'énergie : « *Avoir des objectifs est non seulement nécessaire pour nous motiver, mais c'est essentiel pour que nous restions en vie* » disait Robert H. Schuller.

L'homme aurait-il marché sur la Lune le 21 juillet 1969 si, en 1960, J. F. Kennedy n'avait pas donné 10 ans à la NASA pour atteindre cet objectif ?

Est-ce l'objectif qui fait l'ambition ou l'ambition qui fait l'objectif ?

Est-ce l'objectif qui fait la motivation ou la motivation qui fait l'objectif ? Et si c'était les deux à la fois ? Imaginons que je veuille perdre du poids. Je me fixe donc un objectif, voire des objectifs intermédiaires pour baliser le chemin (régime alimentaire, activité physique...). Cela le rend davantage réalisable et peut m'aider à me motiver quand je serai sur le point de « craquer » face à un éclair au chocolat. Les deux se soutiennent mutuellement.

Est-ce pour ces raisons que la tendance actuelle est à la multiplication des objectifs et autres KPI's (*key performance indicators*) ?

Aujourd'hui, tout le monde s'accorde à dire que le management est indissociable de la notion d'objectif. Même une stratégie « émergente » intègre des objectifs, quand bien même ceux-ci sont moins nombreux et plus ouverts que dans une stratégie « délibérée » qui, elle, privilégie la planification. Les modes changent, les problèmes demeurent. L'expression « MBO » (*management by objectives*) fait figure aujourd'hui de pont aux ânes alors qu'il y a quelques dizaines d'années elle constituait une réelle nouveauté, presque une révolution en la matière. Aujourd'hui, le « management de la performance » a pris le relais. Or, comment gérer, mesurer, apprécier la performance et fixer les rémunérations qui en découlent si l'on n'a pas au préalable déterminé les indicateurs de ladite performance ?

Quelles sont donc les conditions à respecter pour fixer ces objectifs de manière optimale ? Comment positionner sa pratique au niveau 4 ?

Être concret !

Tout le monde sait qu'un objectif, pour être considéré comme tel, doit être concret : à savoir mesurable et inscrit dans la durée afin d'être contrôlable.

Cela semble évident pour ce qui est des objectifs liés à la fonction (commerce, finance, production...) de l'entreprise, mais qu'en est-il pour les objectifs liés à la personne ? Lorsqu'un manager demande par exemple à son collaborateur d'adopter une attitude plus positive ou plus constructive, cela peut-il être considéré comme un objectif ? Pour beaucoup de managers la réponse est « oui ». La difficulté à mesurer prend bien souvent le pas sur l'exigence. Il en est ainsi de nombreux champs de compétences qualitatives et donc à première vue non mesurables, tels que le comportement, la communication interpersonnelle, l'organisation personnelle... Nous observons une espèce de résignation des managers à ne pas appliquer les mêmes règles que celles qu'ils appliquent dans les autres domaines, ou bien une volonté de ne pas aller trop loin parce qu'ils considèrent que cela n'entre pas dans leurs attributions.

Ainsi, à reprendre notre exemple d'un manager qui veut que son collaborateur soit plus positif ou plus constructif, il est tout à fait possible de concrétiser cet objectif en se posant une question du type : « Comment saurai-je que l'objectif est atteint ? Qu'est-ce qui aura changé (en plus ou en moins) ? » Dans ce cas précis, on pourra arriver à une formulation concrète du type : chaque critique formulée par ce collaborateur devra à l'avenir être soit précédée d'au moins un point positif, soit être accompagnée d'au moins une proposition de solution.

Nous voyons bien ici que cette formulation conjugue un critère mesurable (au moins un point positif, au moins une proposition de solution) et un élément relatif au temps (dès maintenant et à chaque fois que se produira cette situation).

Cet exemple met en évidence la possibilité de rendre concret ou en d'autres termes observable n'importe quel élément qualitatif, à condition de creuser jusqu'à ce que les questions suggérées ci-dessus aient reçu une réponse satisfaisante. Il souligne également l'importance d'une clarification du but. En effet, celle-ci permet de s'assurer que l'on est d'accord sur l'objectif à atteindre en évitant toute interprétation personnelle, en même temps qu'elle aide le collaborateur à identifier concrètement ce qu'il doit mettre en œuvre ou changer et enfin qu'elle évite toute frustration au moment de faire le point.

Ainsi, tout manager devrait, à chaque fois qu'il est en position de déléguer et donc de fixer un objectif, se poser la question : « Si c'est clair dans ma tête, est-ce clair dans la sienne ? »

La meilleure façon de le contrôler étant d'ailleurs de poser directement la question à notre interlocuteur, à savoir : « Qu'avez-vous compris ? » et non pas « Est-ce clair ?», « Pas de question ? » afin d'éviter le syndrome de la balançoire :

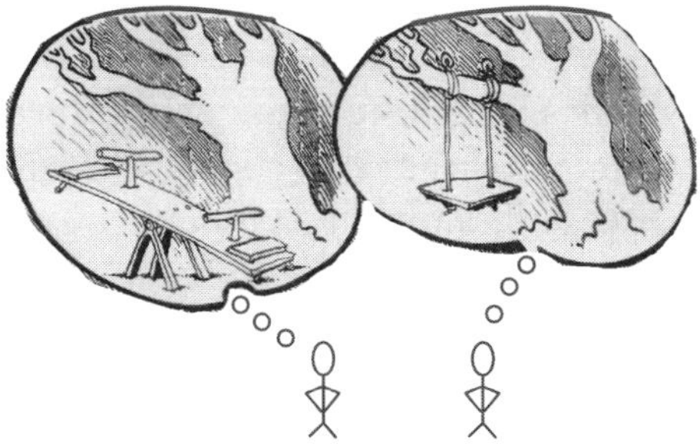

Et cette exigence de concret ne concerne pas seulement le caractère mesurable de l'objectif. Il en va de même pour la fixation de l'échéance. Quel manager n'a jamais été pris au dépourvu par des malentendus de délai ?

Ainsi, nous pouvons observer différents niveaux de pratique quant à la concrétisation d'un objectif. Au niveau 4 de notre échelle, l'objectif est facilement mesurable et contrôlable par tous les acteurs concernés, il n'y a aucun risque d'interprétation personnelle. De même, l'échéance est fixée avec précision, ainsi que les étapes intermédiaires.

Au niveau 3, l'objectif est assez clair pour que le manager et le collaborateur puissent l'apprécier pareillement ; il existe en revanche un risque d'interprétation par les autres personnes concernées indirectement. L' échéance est fixée par une simple date butoir. Au niveau 2, l'objectif ne fait que suggérer une direction vague telle que, par exemple, « adopter une attitude plus positive ou plus constructive ». L' échéance, elle, est formalisée par une indication imprécise en termes de période (« pour l'été prochain », « dans quelques mois », etc.).

Au niveau 1, l'objectif est confus, ce qui pourrait donner comme injonction : « Vous devez changer d'attitude ! » Il n'y a en général pas d'échéance, et quand par hasard il y en a une, elle est susceptible d'être modifiée à tout moment, de même que le contenu de l'objectif.

« *L'administration par objectif est efficace si vous connaissez les objectifs. Mais 90 % du temps, vous ne les connaissez pas* » disait Peter Drucker. D'où l'importance des pratiques de niveaux 3 & 4, ou les dangers des méthodes de niveaux 1 & 2. Pour autant, être concret ne suffit pas ; il faut savoir placer la barre au bon niveau.

Placer la barre au bon niveau

Et sur le fond, quelles sont les conditions à respecter pour qu'un objectif soit motivant et efficace ? Là encore, c'est une évidence ! La barre doit être placée suffisamment haut pour être ambitieux, et suffisamment bas pour être réaliste !

Pourquoi faudrait-il être ambitieux ? Quel degré d'enthousiasme et de mobilisation attendre de quelqu'un à qui l'on fixe un objectif qu'il est certain d'atteindre quoiqu'il arrive ?

Pourquoi faudrait-il être réaliste ? Pour la même raison ! Quel degré d'enthousiasme et de mobilisation attendre de quelqu'un à qui l'on fixe un objectif qu'il estime irréalisable ?

Mihaly Csikszentmihalyi, dans *Vivre*, nomme cette zone optimale pour la fixation des objectifs : la zone de l'expérience optimale (EO) (*cf.* schéma ci-dessous).

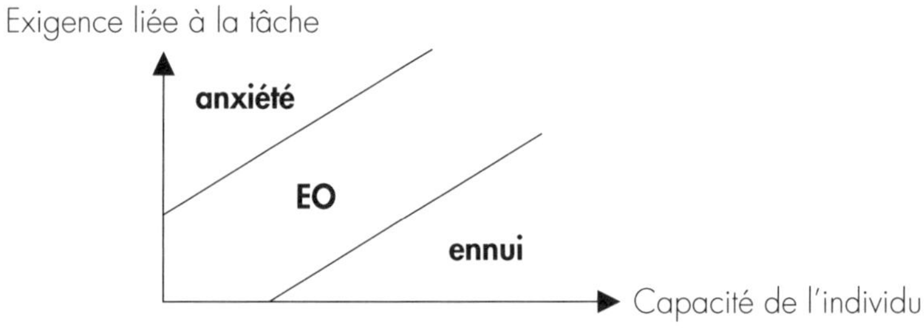

Comment se rapprocher de cette zone optimale ?

Une première piste consiste à se poser la question des moyens disponibles, au premier rang desquels figure la compétence du collaborateur. La pratique de niveau 4 consiste ici par exemple à apprécier la faisabilité avant de fixer l'objectif à son collaborateur, afin de s'assurer de l'adéquation de l'objectif et des moyens.

La pratique de niveau 3 est plus réactive, mais reste opérante. Elle consiste à prendre en compte avec attention les demandes de moyens du collaborateur, et le cas échéant à appuyer ce dernier quand son souhait est justifié.

Et comment s'en éloigner ?

Le niveau 2 se caractérise par l'absence d'analyse de faisabilité. Le manager exige du collaborateur qu'il se débrouille avec les moyens du bord. Au niveau 1, il refuse le débat. Il se comporte systématiquement comme si tous les moyens étaient là.

Mais la manière de placer la barre au bon niveau reste sans doute d'associer au maximum ses collaborateurs dans la fixation des objectifs. Cela n'est pas toujours possible. Cela dépend en effet de la dimension stratégique de l'objectif : tout le monde ne peut pas prendre part à toutes les décisions. Cela dépend également de la compétence et de l'expérience du collaborateur. Plus celles-ci seront élevées, plus il pourra être amené à donner son avis en amont des décisions.

Mais s'il y a un domaine dans lequel tout collaborateur, quel que soit son niveau d'expertise, peut et donc doit être associé à la détermination des objectifs, c'est bien celui de ses axes personnels de progrès.

Ainsi, la pratique de niveau 4 consiste à associer ses collaborateurs et à rechercher leur adhésion sur un objectif adapté, là où la pratique de niveau 3 s'établit davantage dans la négociation, le manager incitant ses collaborateurs à placer la barre plus haut. Aux niveaux inférieurs, le collaborateur n'est plus associé. Au niveau 2, le manager argumente et pousse à accepter, et à l'échelle inférieure, il impose sans laisser aucune place à la discussion.

La double pertinence

Tous les secteurs de l'entreprise sont gérés par objectifs.

Dans certains domaines, cela est inhérent à l'activité même du service, par exemple dans le département « ventes ». Comment en effet imaginer un service commercial dans lequel les vendeurs n'aient pas d'objectif ? Dans d'autres cas, cela est plus délicat : la R&D par exemple. Pour des raisons culturelles compréhensibles, un chercheur est moins enclin à se laisser encadrer, voire « enfermer » par des objectifs. Nous avons eu pour mission, il y a quelques années, d'accompagner la division recherche d'un grand laboratoire pharmaceutique. La mise en œuvre du principe de la fixation d'objectifs rencontra de nombreuses réticences dans un premier temps. Après étude, nous nous rendîmes compte que cette apparente réticence sur le principe était en fait liée à l'inadéquation des indicateurs utilisés. En l'espèce, il n'était pas judicieux de fixer aux chercheurs des quotas d'expériences à réaliser chaque semaine. Il nous a fallu davantage en creuser le contenu et dégager une multitude de critères, dont la pertinence a permis de conjuguer efficacité opérationnelle et motivation des collaborateurs concernés.

Le risque d'inadéquation existe également par rapport aux enjeux de l'entreprise. Qui dit objectif non pertinent dit risque de fausse route. Pour peu que le collaborateur soit directement rémunéré sur cet objectif, il encaissera une prime maximale alors que l'objectif global de l'entreprise ne sera pas atteint.

D'où l'importance d'associer les personnes concernées lors de la fixation des objectifs et de faire le lien entre leur activité au quotidien, les objectifs à court terme et la stratégie de l'entreprise à moyen et long terme. Cette double pertinence par rapport à l'activité réelle d'une part et aux enjeux de l'entreprise d'autre part, peut être atteinte en questionnant ainsi ses collaborateurs : « Pourquoi cet objectif est-il important ? En quoi son atteinte contribue-t-elle à la réalisation de la stratégie de l'entreprise ? Dans quelle mesure est-il en prise avec la réalité de la tâche à accomplir ? »

On ne peut conclure ce chapitre sans rappeler l'une des vertus essentielles de la fixation d'objectifs. Elle constitue la première étape de sa réalisation, et bien souvent l'une des plus importantes.

« *Le commencement est beaucoup plus que la moitié de l'objectif* » disait Aristote. Or, fixer un objectif concret est le commencement. Tout *coach* digne de ce nom expérimente cette réalité lorsqu'il aide un manager à se fixer des objectifs personnels. Il joue alors le rôle de l'aiguillon, toujours là pour rappeler qu'un objectif non concret risque fort de demeurer un vœu pieux, aussi louable que soit l'intention qui le sous-tend. Et très souvent, le manager que l'on conseille est confronté à la tension entre une volonté de se fixer un objectif pour progresser et la peur de se donner des contraintes, voire d'échouer. Ainsi l'acte de fixation d'objectif nécessite un certain courage, une prise de risque et d'engagement qui accompagnent une déclaration du type : « J'ai décidé d'arrêter de fumer à partir d'aujourd'hui… » À l'inverse, dire « Je vais essayer de… » ne revient-il pas à se préparer à échouer ?

Un exercice personnel pour expérimenter ce point ? Quelle idée, quelle envie, quel projet avez-vous au fond de vous depuis longtemps sans avoir réellement commencé à leur donner corps ? Quel objectif concret, quel premier pas pouvez-vous alors vous fixer sur ce point ?

En résumé...

- ❑ **Niveau 4** L'objectif est facilement mesurable et contrôlable par tous les acteurs concernés. L'échéance est fixée par une date butoir et des étapes intermédiaires planifiées. Le manager associe ses collaborateurs et recherche leur adhésion. Il apprécie la faisabilité de l'objectif avant de le fixer puis garantit la cohérence entre objectif et moyens. Il établit des liens entre les objectifs et les enjeux de l'entreprise à moyen et long terme.
- ❑ **Niveau 3** L'objectif est assez clair pour que manager et collaborateur puissent l'apprécier pareillement. L'échéance est fixée par une simple date butoir. Le manager négocie avec ses collaborateurs et les incite à s'engager davantage. Il appuie ses collaborateurs s'ils demandent des moyens adéquats. Il s'assure de la cohérence entre les différents objectifs.
- ❑ **Niveau 2** L'objectif ne fait que suggérer une direction. Il n'y a pas d'échéance précise, juste une indication en termes de périodes. Le manager argumente et pousse ses collaborateurs à accepter. Il exige de ses collaborateurs qu'ils s'arrangent avec les moyens du bord. Les objectifs s'ajoutent les uns aux autres sans cohérence particulière.

❑ **Niveau 1** L'objectif est confus et peut changer au gré du vent. Soit il n' y a pas d'échéance, soit elle peut varier arbitrairement. Le manager impose et ne laisse aucune place à la discussion. Il refuse le débat et fait comme si tous les moyens étaient là. Les objectifs sont déconnectés des enjeux, anecdotiques voire antinomiques.

Pas facile d'être un manager de niveau 4… Comment vous situez-vous ? Cochez la situation qui semble le mieux vous correspondre et n'hésitez pas à revenir au contenu de ce chapitre pour vous améliorer…

CHAPITRE 8

La décision

Un choix parmi des risques

« Chaque fois que vous voyez une entreprise qui réussit, dites-vous que c'est parce qu'un jour quelqu'un a pris une décision courageuse. »

Peter Drucker

Le pouvoir de décision a toujours été l'un des *attributs* les plus « nobles » du manager. N'est-ce pas en effet le critère principal par lequel on mesure l'étendue de son pouvoir ?

De plus, c'est sans doute à la qualité de ses décisions que l'on estime sa *valeur*.

Qu'est-ce qu'une bonne décision ? Si l'on considère la définition selon laquelle « décider, c'est choisir entre des risques », alors une décision A est bonne lorsque le choix qui en résulte optimise la gestion des risques, c'est-à-dire génère plus de bénéfices (au sens le plus large du terme) que de coûts.

Parfait ! Mais comment savoir si une décision B n'aurait pas généré davantage de retour sur investissement, et donc relégué la décision A au rang d'erreur manifeste ?

Pas facile, dans ces conditions, d'évaluer la qualité d'une décision ! Cependant, il suffit d'ouvrir les journaux politiques ou économiques pour constater le nombre de décisions remises en question, au motif de tel manque de consultation en amont, ou bien de telle maladresse dans la communication.

Au-delà des éléments de fond, propres à chaque contexte, les deux étapes clés sont la prise de décision et son annonce.

À la recherche du consensus

« Pour prendre une bonne décision, il faut être en nombre impair, et trois c'est déjà trop ! » Cette phrase de Georges Clemenceau illustre une première composante essentielle de la prise de décision : le nombre de personnes impliquées.

Une décision prise à plusieurs est-elle nécessairement mauvaise ? Certainement pas !

Comment concilier alors nombre de personnes parties prenantes et efficacité de la décision ?

Examinons les quatre modes de prise de décision classiques.

L'autorité

Elle peut être basée sur la *hiérarchie* ; dans ce cas, le décideur décide seul après avoir ou non consulté d'autres personnes. Elle peut également être basée sur la *compétence*. Dans ce cas, on s'en remet à l'avis de l'expert sur la question.

Ce mode de prise de décision présente l'avantage de la rapidité – à condition que celui qui en dispose en use avec célérité. Pour le reste, l'efficacité va essentiellement reposer sur la compétence du décideur et/ou sa capacité à tenir compte des avis pertinents sur la question. La décision d'autorité sera mise en œuvre avec d'autant plus d'enthousiasme que le décideur sera considéré comme légitime. Dans le pire des cas, cette approche pourra faire dire à certains : « Une décision, c'est un ingrat et dix aigris ! »

La majorité

Utilisé au sein des assemblées ou des groupes importants, ce mode de prise de décision consiste à faire voter sur une ou plusieurs propositions simples et à retenir l'option qui a rassemblé le plus de suffrages (majorité relative) ou celle qui recueille plus de 50 % des voix (majorité absolue).

Il présente l'avantage de la rapidité et de la simplicité. Il s'impose dans les groupes de taille importante, pour lesquels il constitue la seule alternative à l'autorité. L'inconvénient est qu'il ne prend pas nécessairement en compte tous les points de vue, toutes les sensibilités. Il peut en résulter un taux d'opposition fort, privant le pouvoir d'une assise légitime. La mise en œuvre peut ainsi s'en trouver fortement affectée.

Le compromis

Utilisée pour trancher dans des situations où s'opposent deux thèses contradictoires, cette approche consiste à « couper la poire en deux », c'est-à-dire à faire la moyenne des options proposées. Là où noir et blanc s'opposent, le compromis sera gris.

Ce mode de prise de décision se caractérise également par sa simplicité et sa rapidité. Il présente l'avantage ne pas frustrer un parti plus qu'un autre. À l'inverse, il présente l'inconvénient de créer 100 % d'insatisfaits et donc de compromettre la mise en œuvre de la mesure si cette insatisfaction est trop forte.

Le consensus

Ce mode de prise de décision, parfois confondu avec le compromis, consiste à rechercher un accord entre *tous* les participants. Il résulte d'un débat contradictoire.

Au nombre des raisons militant pour le consensus figure notamment l'effet du processus de recherche du consensus : on est obligé d'écouter tous les points de vue et de tous les mettre en cause afin de tester leur solidité. Chacun doit tour à tour s'employer à convaincre et à se remettre en cause. Il en résulte nécessairement une plus grande probabilité de passer en revue tous les paramètres, d'anticiper toutes les conséquences et donc d'opter pour la solution idoine. De surcroît, lorsque tout le monde s'est mis d'accord, la phase de mise en œuvre s'en trouve largement accélérée grâce à un plus grand engagement et une plus grande solidarité entre les décisionnaires.

Si le consensus est de plus en plus reconnu comme un mode de prise de décision à privilégier, il présente également deux limites : le temps et le nombre. Trouver un véritable consensus demande du temps. Il ne peut donc pas s'appliquer dans les situations d'urgence. Il nécessite également de nombreux échanges et devient irréaliste dans de grandes assemblées.

L'objection du manque de temps mérite digression : parmi les décisions prises dans l'urgence, nombreuses sont celles qui étaient en réalité tout à fait prévisibles, voire connues à l'avance. Seul un déficit de planification en a fait des urgences. Ainsi, la raison majeure pour laquelle le consensus ne peut s'appliquer dans nombre de situations est l'imprévoyance des managers, leur manque d'anticipation.

Ceci confère quasiment à la pratique du consensus une vertu supplémentaire. S'obliger à privilégier cette approche impose une anticipation accrue des événements, une mise à l'ordre du jour anticipée des sujets dont on sait qu'ils devront être traités à moyen terme.

Que font nos dirigeants de l'« échelle 4-niveaux » lors de la prise de décision ?

Au niveau 4, un manager ouvre un espace de concertation auprès de toutes les personnes concernées ou pouvant apporter un point de vue utile sur la question. Il anticipe suffisamment pour pouvoir se donner le temps d'écouter, de dialoguer, de questionner, de confronter… bref de faire le travail en amont nécessaire à une prise de décision optimale. À chaque fois que cela est possible, il privilégie la recherche d'un consensus et crée autant que faire se peut les conditions de son obtention. En particulier, il se montre exemplaire dans l'attitude d'écoute, de remise en cause de son point de vue, dans l'expression de ses doutes ou l'affirmation de ses certitudes, basée sur une argumentation factuelle. Parallèlement, il prend aussi une position d'animateur en donnant à chacun la possibilité d'exprimer son point de vue ; il s'attache à rester en retrait dans un premier temps. Il pousse chacun à s'exprimer pour faire réfléchir les autres et à se remettre en question en les écoutant. S'il doit au final trancher seul, il aura permis une mise en évidence des conséquences de toutes les options, et sera donc en mesure de faire le meilleur choix.

Au niveau 3, un manager ouvre également un espace de concertation, à la nuance près qu'il y recherche prioritairement à tester ses opinions personnelles. En effet, il est davantage dans la confrontation de ses idées auprès de personnes qu'il estime compétentes en la matière que dans la recherche de pistes nouvelles. Il mène cette démarche auprès d'un nombre de personnes plus limité que le manager de niveau 4, et sélectionnées principalement pour leur compétence. S'il peut, à l'instar du manager de niveau 4, être amené à privilégier la recherche du consensus c'est davantage comme outil de recherche d'une bonne solution que comme processus global de décision et d'implication de tous les acteurs concernés. En d'autres termes, il privilégie le fond sur la forme de la décision, là où le manager de niveau 4 portera une attention égale aux deux.

Au niveau 2, on change de registre. Lorsqu'il y a concertation, cette dernière est le plus souvent réduite à la recherche d'alliés pour faire valider son idée. Souvent guidé par son intérêt personnel, le manager de niveau 2 limite la plupart du temps la phase précédant la prise de décision à une réflexion solitaire. La recherche du consensus n'est jamais une démarche spontanée de sa part. Les rares fois où il pourrait être amené à la pratiquer, il le fera poussé par des enjeux personnels. Et s'il lui arrive de pratiquer la consultation, c'est dans sa quasi-incapacité à tenir compte des points de vue qu'on le reconnaîtra.

Au niveau 1, là encore, changement d'univers. Les mots concertation, consultation ou consensus ne font pas partie du vocabulaire et encore moins de la pratique quotidienne du manager. Pas de surprise donc, si la prise de décision à ce niveau n'est précédée d'aucune consultation, ne serait-ce que pour valider certaines hypothèses. Convaincu qu'il est le seul à détenir la vérité, le manager de niveau 1 ne s'embarrasse pas de ce préalable, qu'il considère comme une perte de temps.

L'attitude « droit au but »

Si la phase de prise de décision s'avère particulièrement importante, elle n'en demeure pas moins délicate, comme l'illustre cette phrase de Goethe : *« Jusqu'au moment où l'on s'engage, il n'y a qu'hésitation, occasion de revenir en arrière et inefficacité. »* En effet, nombreuses peuvent être les tentations de revenir en arrière tant que la décision n'est pas annoncée. Ce moment de l'annonce constitue un moment capital : il fait basculer d'une situation imaginée à une situation de réalité qu'il va falloir assumer. En d'autres termes, *une décision n'est réellement prise que lorsqu'elle est annoncée…*

Au-delà des éléments de fond quels comportements adopter pour faire la différence au moment de l'annonce de la décision ?

Au niveau 4 de notre échelle, un manager annonce clairement la décision en la replaçant dans son contexte et en donnant les explications nécessaires. Annoncer clairement signifie aller droit au but, ne pas livrer qu'une partie des éléments, ne pas « tourner autour du pot ». La moindre des choses qu'un manager doive à ses collaborateurs, c'est de ne pas sous-estimer leur capacité à entendre ou à comprendre. En plus d'être une marque de respect, cette attitude montre de l'assurance et renforce le caractère incontournable que doit revêtir une décision lors de son annonce. À l'inverse, à quoi peut inciter une attitude hésitante si ce n'est à discuter, remettre en cause, argumenter, voire s'opposer à la décision ?

Au-delà d'être portée par une attitude « droit au but », l'annonce efficace et motivante d'une décision nécessite un rappel du contexte et des explications concrètes. Qui plus est, pour être efficaces, ces explications ne doivent pas seulement être basées sur des faits concrets, elles doivent aussi être brèves. Pourquoi ? Pour éviter l'effet de « justification », cette démarche bien souvent inconsciente consistant à « en rajouter », à vouloir vaille que vaille colmater des brèches que nous étions souvent les seuls à voir et que nous signalons ainsi à l'attention de notre interlocuteur. Il faut aussi se méfier de notre tendance à faire précéder l'annonce de nos décisions des arguments qui les sous-tendent. En effet, dans ce cas, notre interlocuteur nous « voit venir » et ne peut s'empêcher – même inconsciemment – de traduire ce détour par un manque d'assurance qu'il sera peut-être tenté d'exploiter.

Pour conclure un tel entretien, la meilleure façon de s'y prendre est sans doute de poser à son interlocuteur une question du type : « Puis-je compter sur vous ? » Non seulement il lui montre *de facto* l'intérêt qu'il lui porte, mais il lui rappelle également l'importance du rôle que ce dernier doit jouer dans la réussite de la mise en œuvre de la décision. En soulignant cet enjeu, le manager place son collaborateur en face de ses responsabilités et le fait rentrer progressivement dans une phase active. Qui plus est, cela constitue un excellent moyen de mesurer là où se trouve le collaborateur dans son éventuel *processus de deuil*, et d'ajuster une réaction éventuelle.

Au niveau 3, un manager va également droit au but. Il annonce la décision de manière directe, sans détour. De surcroît, du fait de son souci majeur pour la réussite des opérations, il apporte des explications factuelles et détaillées. Parce que sa priorité est l'action, il peut lui arriver de passer trop rapidement sur le contexte, sur les éléments déclencheurs, sur les principes ou les valeurs sur lesquels s'appuie cette décision.

Le manager de niveau 2 se contente de « livrer » la décision. Il ne le fait pas pour autant avec une immense clarté. Caractérisée par l'attitude consistant à « tourner autour du pot », son approche crée dès le début de l'entretien un sentiment de malaise. L'interlocuteur s'imagine manipulé, il croit l'autre hésitant. Ce sentiment peut être renforcé par la suite par un défaut d'explication ou, à l'inverse, une pléthore de détails qui prennent des allures de justifications.

Au niveau 1, rien ne va plus ! Le manager s'exprime confusément avec des données imprécises ou partielles. Personne n'est sûr de comprendre. Ni la décision, ni les éléments qui sont censés lui donner du sens ne sont clairs. D'ailleurs, s'agit-il effectivement d'une décision ? Il arrive même que les informations soient non seulement confuses ou incomplètes, mais qu'elles contiennent des données fausses ou exagérées, utilisées pour la circonstance. À partir de là, il n'est pas difficile d'imaginer l'état de perplexité et de démotivation dans lequel ressortent les collaborateurs.

La solidarité à l'épreuve

Annoncer une décision que l'on a prise est une chose. Soutenir une décision quand celle-ci émane du management supérieur et que l'on n'y adhère pas – ou pas totalement – en est une autre.

En effet, force est de constater que, lorsqu'il s'agit de relayer une décision qu'ils n'ont pas prise ou à laquelle ils n'ont pas participé, nombre de managers manquent de solidarité avec leur hiérarchie.

Au niveau 4, le manager amené à défendre une décision provenant « d'en haut » le fait sans réserves, en toutes circonstances, et se refuse à exprimer son opinion personnelle, que celle-ci soit favorable ou non à la décision.

Le manager de niveau 3 soutient également la décision, et sans doute avec la même opiniâtreté. Seulement, quand il y est invité, il ne peut s'empêcher de faire part de son opinion personnelle sur la décision. En effet, même si son intention est louable, à savoir être sincère envers ses collaborateurs, ne pas leur mentir, il sous-estime fortement l'impact négatif que cela peut avoir sur eux.

Au niveau 2, c'est simple. Le manager concerné ne soutient la décision que s'il est d'accord. Dans le cas contraire, il fait ce qu'il considère sans doute être le minimum syndical en la matière, à savoir la communiquer, mais de telle manière qu'il n'est pas difficile de comprendre qu'il n'adhère pas.

Le manager de niveau 1 ne se soucie guère de ce minimum syndical. C'est son opinion personnelle qui prime en toutes circonstances. Cela peut le conduire, en fonction de son niveau d'adhésion à la décision, à des attitudes aussi variées et excessives que la revendication de la paternité de la mesure, la dérision ou encore l'absence de toute communication.

Savoir reconnaître une erreur

Pour conclure ce chapitre, revenons un instant sur la définition que nous avons utilisée à son début : « Décider, c'est choisir entre des risques. »

En effet, décider, c'est prendre un risque, celui de se tromper. Si tout manager a le devoir de prendre des décisions, il a aussi le droit à l'erreur – à condition bien sûr de ne pas les répéter. On imagine difficilement un manager débuter chacune de ses réunions par un tonitruant : « Devinez quoi ? J'en ai encore fait une belle ! »... Le crédit d'erreur existe, il est cependant limité.

Comment réagir, en tant que manager, lorsque l'on a commis une erreur ?

Là encore, les différentes manières de se comporter correspondent à différents systèmes de valeurs. Cela va de l'attitude de niveau 4 consistant à « assumer spontanément » au rejet de la faute sur les autres qui est l'attitude de niveau 1, en passant par « reconnaître son erreur » pour le niveau 3 et « minimiser ou se justifier » pour le niveau 2.

Pourquoi est-ce important de savoir reconnaître que l'on s'est trompé ? Quels sont les risques encourus à ne pas le faire ?

Non seulement c'est une marque de respect vis-à-vis des autres personnes impliquées, non seulement c'est un acte exemplaire montrant notre capacité à nous remettre en cause, mais, de plus, cette attitude renforce paradoxalement l'image du manager en même temps qu'elle le rend plus « humain ».

À l'inverse, le manager qui ne sait pas reconnaître son erreur risque de ternir son image, de détériorer sa relation avec les autres, et curieusement, c'est à lui que l'on pardonnera le plus difficilement de s'être trompé.

En résumé...

- ❑ **Niveau 4** Avant de prendre une décision, associe les personnes concernées à une réflexion sur le problème et les réponses possibles. Recherche prioritairement à réunir un consensus. Annonce clairement la décision en la replaçant dans son contexte et donne les explications nécessaires. Crée le contexte favorable en amont de la mise en œuvre. Soutient en toutes circonstances toute décision émanant de son management supérieur sans donner son opinion personnelle. Assume spontanément ses erreurs.
- ❑ **Niveau 3** Avant de prendre une décision, recherche les personnes compétentes et leur soumet les données du problème. Annonce la décision directement et l'explique de manière factuelle et détaillée. La met en œuvre immédiatement et s'efforce de tenir le cap. Soutient toute décision émanant de son management supérieur, tout en donnant son opinion personnelle. Reconnaît ses erreurs.
- ❑ **Niveau 2** Avant de prendre une décision, cherche des alliés pour faire valider son idée. La communique en « tournant autour du pot » ; livre la décision sans plus d'explications. Attend que toutes les conditions lui soient favorables pour la mettre en œuvre. Ne soutient que les décisions de son management supérieur avec lesquelles il/elle est d'accord. En cas d'erreur de sa part, minimise ou se justifie.

❑ **Niveau 1** Ne sollicite aucun avis avant de prendre une décision. La communique en s'exprimant confusément, avec des données imprécises ou partielles. Pour ce qui est de la mise en œuvre, laisse le contexte décider à sa place. Selon qu'il/elle adhère ou non avec les décisions de son management supérieur, les revendique, les tourne en dérision voire ne les communique pas. Rejette ses fautes sur les autres.

Pas facile d'être un manager de niveau 4… Comment vous situez-vous ? Cochez la situation qui semble le mieux vous correspondre et n'hésitez pas à revenir au contenu de ce chapitre pour vous améliorer…

CHAPITRE 9

La conduite du changement

Sortir du dilemme « adapte-toi / préserve-toi »

« Dans l'univers, il y a une seule chose qui ne change pas, c'est la permanence du changement ! »

Héraclite

Un choix délibéré plutôt qu'une agitation permanente

Le changement, pour être bien négocié, doit être planifié longtemps à l'avance. Il s'agit de savoir quand le déclencher, comment communiquer et le mettre en œuvre et, le cas échéant, de réparer des dégâts causés le plus souvent par une insuffisance de communication. Les managers de niveau 4 ont compris que le changement n'est pas la panacée universelle ou une fin en soi et, pour autant, ils ne redoutent pas ce moment où l'on quitte un état actuel connu et sécurisant pour un état futur inconnu et risqué.

Ils savent quitter le monde binaire du « y'a qu'à faut qu'on » pour accepter la tension paradoxale inhérente à tout changement : se préserver tout autant que s'adapter.

Si le niveau 1 donne trop souvent l'impression d'une succession de changements anecdotiques ou erratiques, le niveau 2 celui de métamorphoses où l'intérêt personnel et/ou le court terme prédominent, le niveau 3 saura faire évoluer l'existant dans une continuité mais seul le niveau 4 saura hisser ces transformations à un nouveau registre de performance. Le niveau 4 change les paradigmes : il transforme un « business model » ou les règles d'une industrie, il forge des partenariats innovants ou encore crée pour ses équipes des opportunités carrières…

Les types de changement

Gregory Bateson distingue deux types de changement ; les changements de type A et B (il utilise les termes de « changement 1 et 2 » que nous rebaptiserons ici par des lettres pour éviter toute confusion avec l'« échelle 4-niveaux »). Le changement de type A est propre au manager de niveau 3 : il s'adapte avec bon sens tout en maintenant le même équilibre, en amplifiant ou en amoindrissant certains comportements. Parfois, ce comportement n'est plus suffisant, et il faut alors provoquer un changement de type B qui suppose une rupture d'équilibre et qui propose un autre cadre logique. À sa manière, Paul Watzlawick, autre pionnier de l'école de Palo Alto, aurait décrit le manager de niveau 3 comme capable d'accélérer et de freiner, et celui de niveau 4 comme sachant changer de vitesse.

Une condition est nécessaire pour se lancer dans l'aventure du changement : il faut que son bénéfice soit supérieur à celui de l'état actuel ou, dit différemment, que l'inconvénient de la situation présente soit supérieur à celui de l'état futur. Ce calcul utilitariste qui permet, au niveau 3, de s'ériger souvent en juge de paix se relativise au niveau 4 par le recours au coefficient émotionnel. Les partisans actuels de l'intelligence émotionnelle plaident en faveur d'un management à la fois rationnel et émotionnel. Les objectifs de changement sont rarement fixés une fois pour toutes, ils sont plus que jamais mouvants. La nécessité d'avoir des « T-managers » augmente, à savoir des managers qui combinent la pensée verticale analytique (QI) à la pensée horizontale plus intuitive (QE).

Si au niveau 3 les managers semblent vouloir décider d'un changement à l'issue d'une analyse factuelle, le cadre de niveau 4 y ajoute son intuition et conserve ainsi un espace pour son libre arbitre. La décision de niveau 3 se veut rationnelle, celle de niveau 4 intègre l'irrationnel. Ce dernier accepte que le processus décisionnel fait partie intégrante de celle-ci, que le débat doit avoir lieu, que la délibération prépare déjà la future transition.

Les velléités de changement doivent être relativisées en fonction de trois paramètres : le seuil d'urgence, le degré de confiance et le coefficient de faisabilité. Le principal mérite de ces distinctions est d'inviter au débat. L'échange sur les avantages du changement prépare la communication, les craintes évoquées anticipent déjà les objections et les transgressions pressenties permettent des amendements toujours nécessaires. Davantage encore qu'une décision portée à maturité par la qualité de l'échange, si le « oui au changement » ressort du débat, l'équipe délibérante devient le noyau dur pour le soutenir.

Comment concilier sens, envie et faisabilité

Les discours du type : « Vous verrez, la nouvelle organisation va nous permettre d'être beaucoup plus efficace, c'est une véritable chance que chacun doit saisir » ne convainquent plus. Ils rencontrent d'ailleurs une résistance à peu près proportionnelle à l'ardeur consacrée à leur mise en avant.

Comment réaliser l'équation sens + envie + faisabilité = adhésion ?

Donner du sens

Il s'agit tout d'abord de clarifier la raison d'être du changement en question. Que vise-t-il ? Le questionnement le plus pertinent ne saurait se passer d'un raisonnement par la négative : à quoi conduirait le *statu quo* ? Le manager de niveau 4 raisonnera en effet autant dans un registre de nécessité – « en quoi est-il incontournable ? » – que de valeur ajoutée – « à quoi va-t-il servir ? » Sa réflexion tournera autour des deux logiques qui président au mouvement : s'éloigner de (une zone dangereuse) ou aller vers (une zone prometteuse).

La tendance naturelle des managers est davantage de convaincre, de prouver, de vendre la terre promise que de présenter ce qui achoppe dans le présent. Il faudrait sans doute vendre le problème plus que la solution (« l'organisation actuelle ne nous permet plus de… ») tout en sachant honorer le passé (« cette organisation a eu sa logique en son temps, elle nous a d'ailleurs permis de… »). Cette formule se compose d'une alchimie subtile puisqu'il est question à la fois de larguer les amarres – l'état actuel – sans pour autant le renier. Certains managers qui tendent vers le niveau 1 ont cru comprendre qu'ils ne feraient passer le changement qu'en noircissant le tableau, et, ce faisant, font de réels et inutiles procès d'intention à l'encontre de leurs prédécesseurs. Cette pratique provoque inévitablement des levées de bouclier.

Le manager de niveau 3 va souvent s'assurer que les objectifs du changement sont concrets, clairs, sans équivoque ; celui de niveau 4 va pour sa part inscrire ce changement dans un ensemble global et cohérent. Il aide ses collaborateurs à le mettre en perspective, à le situer dans la stratégie développée, à permettre aux collaborateurs de comprendre en quoi il va contribuer aux défis attendus.

Dans des environnements toujours plus complexes, les pratiques de niveau 4 sont d'une importance capitale : elles sont ce lien qui permet aux collaborateurs de jeter un pont entre le quotidien et un ensemble plus vaste. Relier et décoder sont autant de pratiques à développer que ce soit par les équipes de direction mais aussi par le management intermédiaire et ces qualités de leadership deviennent nécessaires jusqu'aux premiers niveaux d'encadrement.

Créer l'envie

L'envie découle en bonne partie du sens donné mais pas seulement ; faire abstraction de l'intérêt personnel, le fameux « *what's in it for me* ?», conduirait à se priver d'un levier déterminant. Quels sont les bénéfices/intérêts potentiels pour chacun ? Quelles sont les conséquences positives pour chacun ?

Un changement est aussi une occasion de faire vivre la culture de l'entreprise : quelles valeurs renforce-t-il ? Lesquelles aide-t-il à développer, promouvoir ? L'état d'esprit du corps social est souvent un facteur négligé au niveau 1 voire 2, et en tout cas largement sous-estimé lors des opérations de fusion-acquisition. Or, l'échec est bien souvent davantage dû aux greffes culturelles qui ne prennent pas qu'au manque de savoir-faire économique ou financier.

Assurer la faisabilité

Il s'agit pour le manager de sécuriser le futur et le déploiement du changement. Quelles sont les responsabilités des uns et des autres ? Qui doit répondre de quoi ? Qui a la légitimité pour agir ?

Si au niveau 1 on aperçoit parfois des managers culpabiliser ceux qui s'interrogent sur l'aide et les moyens donnés, au niveau 2 le message ressemble à un expédient du genre : « Faites vite, sans budget et avec qualité. » Le manager de niveau 3 cherchera à mettre en cohérence les budgets, le temps et les compétences nécessaires ou le soutien à apporter. Si les pratiques de niveau 3 et 4 sont assez peu différenciées lorsqu'il s'agit d'assurer le bon déroulement des opérations, on notera tout de même au niveau 4 une capacité à anticiper les défaillances et les retards et à aller chercher l'information pertinente sur l'évolution de la situation.

Une transition réussie

Si la simple décision de changement obéit en bonne partie à des facteurs psychologiques, que dire de la transition ? Aussi radical que soit le changement, le processus de « deuil » de l'ancienne réalité et d'adaptation à la nouvelle demeure long et progressif. Il faut se méfier de la tentation consistant à vouloir que les collaborateurs acceptent d'emblée la nouvelle situation sans rechigner, sans contester, sans même douter.

Une transition suppose trois phases d'accompagnement : la fin du passé, la phase intermédiaire et le nouveau commencement.

Tout commencement finit quelque chose

Nous empruntons aux travaux d'Elisabeth Kübler-Ross les différentes étapes de la courbe de deuil pour les mettre en perspective dans le contexte de l'entreprise : déni, colère, nostalgie, peur, marchandage, acceptation, réajustement et enfin engagement.

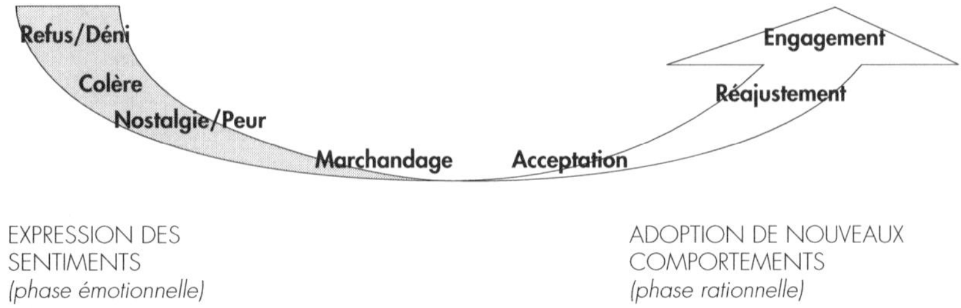

Déni : il ne s'agit pas de nier la nouvelle réalité mais au contraire de la reconnaître, de préciser ce qui va vraiment changer, ce que ce changement entraînera comme conséquences secondaires, ce à quoi il faudra renoncer, ce qui manquera, ce qui sera fini mais aussi tout ce qui perdure, ce que chacun emmènera avec lui dans cette nouvelle réalité.

Colère : ce sentiment, parasite pour beaucoup et interdit pour certains, peut aussi bien signifier la peur de ne pas être compris, que l'agacement non contrôlé face à l'incompréhension. Cela peut également être une manière de rendre les autres ou l'environnement responsables de leur impuissance. Le manager de niveau 4 n'est pas surpris par ces réactions exagérées, il sait que l'émotionnel amène souvent l'être humain à aller au-delà de ses pensées.

Nostalgie : quand le manager de niveau 3 pratique le « silence radio » par crainte de réveiller les vieux démons, celui de niveau 4 se montre au contraire présent, accepte de considérer l'importance de la perte et comprend le sentiment de tristesse qui en résulte. À l'inverse, on observe parfois des comportements de niveau 1 ou 2 qui peuvent aller jusqu'à la moquerie à l'égard des sentiments des collaborateurs.

Peur : cette émotion résulte souvent du manque d'informations relatives à ce qui est prévu. Il convient pour accompagner cette phase de donner le maximum d'informations, sans relâche, et pour cela il faut se débarrasser de préjugés tels que : « Ils n'ont pas besoin de savoir, ils sauront le moment venu, inutile de les frustrer maintenant, nous ne connaissons pas les détails nous-mêmes » ou encore « On leur a déjà dit, ils n'ont qu'à faire suivre… »

Marchandage : c'est souvent le premier moment où le collaborateur va pouvoir influencer la nouvelle réalité au lieu de devoir continuer à s'y adapter. La transaction fait aussi partie de la transition. Savoir compenser la perte par des contreparties – même symboliques –, pouvoir donner pour contrebalancer ce qui a été pris contribue à faire accepter le changement.

Acceptation et réajustement : cette période intermédiaire reste un moment difficile car l'anxiété monte et la motivation chute si les résultats tardent ; d'autant que la surcharge de travail générée par la superposition du nouveau et de l'ancien renforce les cicatrices du passé et crée des tensions entre ceux qui veulent avancer et ceux qui veulent revenir en arrière. Il s'agit d'assurer des succès rapides pour rasséréner ceux qui croient, convaincre ceux qui doutent, confondre ceux qui critiquent. Les actes parlent plus que les mots, il faut transformer l'idée de la terre promise en terre de lait et de miel, incarner les paroles, éviter les contradictions entre ce qu'on prône et ce qu'on récompense. Enfin, faciliter l'appropriation c'est aussi laisser une place pour la signature de chacun.

Engagement : célébrer les succès, marquer la fin de la transition de la même manière que, au début, avait été marqué la fin de « l'avant ». Le manager de niveau 4 montrera ostensiblement qu'on est arrivé au port, saura consacrer le temps qu'il faut à la satisfaction du devoir accompli avant d'amorcer une nouvelle mutation significative qui, trop souvent, prend des allures de course à l'échalote.

L'inquiétante étrangeté du changement...

Les comportements décrits ci-dessus sont exprimés dans la psychologie humaine sous différentes formes. Alex Mucchielli parle lui de mise à l'abri, de victimisation, d'inhibition, de conformisation, de réaction de prestance, de fuite, de revendication, de séduction ou de recherche d'aide. Qu'est-ce qui est à la source des mécanismes inconscients qui refusent la nouveauté ? Freud, dans *L'Inquiétante étrangeté*, souligne que la perception d'une autre réalité que la sienne entraîne une inquiétude, une crainte de perdre l'intégrité de sa propre identité. Elle présuppose une autre vision et, à défaut, conduit au déni de cette nouvelle réalité. « Je n'ai pas compris »,

« Je ne suis pas d'accord » : ces paroles expriment ainsi une forme de résistance et d'inertie pour éviter l'inquiétude.

L'idée même de changement – surtout d'un changement non maîtrisé – est mal acceptée, ne serait-ce qu'au niveau des représentations ou des simples opinions. Militer pour le *statu quo* est aussi une façon de se défendre pour ne pas perdre « sa » réalité, mise à mal par le nouveau projet. Chacun vise l'unité, la cohérence, la constance. Une image positive du changement n'est possible que sous la forme du « changement dans la continuité » qui témoigne d'une identité forte sachant s'ajuster aux événements tout en restant elle-même. Il s'agit donc de renforcer le sentiment de maîtrise, le sentiment d'identité, ce qui n'exclut par pour autant que certains changements s'opèrent davantage par ruptures que par étapes.

Ce sont des mouvements contradictoires d'ouverture et de fermeture, de désirs et de défenses, de convergence et de divergence qui animent la réflexion autour des réactions face au changement.

La théorie de la dissonance cognitive montre que les individus ont tendance à préférer les situations équilibrées aux situations déséquilibrées, à tel point que, lorsqu'il y a une incohérence, ils recherchent différents moyens pour rétablir l'équilibre, quitte à changer leur opinion. Autrement dit, l'existence simultanée d'éléments de connaissance qui, d'une manière ou d'une autre, ne s'accordent pas, ce que l'on appelle une dissonance, conduit l'individu à la réduire en la niant, en la fuyant ou en modifiant son opinion. Par exemple, lorsqu'un individu doté d'une conscience écologique citoyenne prend sa voiture un jour de « pic de pollution », il cherche à se convaincre que seule une action de masse peut traiter les problèmes d'environnement.

Pour toute difficulté dans la mise en œuvre, considérer l'objet autant que le processus

Tout acte de communication comporte deux niveaux : celui du contenu proprement dit et celui de la relation (*cf.* chapitre sur le métamessage). Ils sont particulièrement présents lors des résistances au changement. 80 % de nos diagnostics de résistance montrent qu'il s'agit davantage d'une opposition au processus qu'au contenu. Une pratique de niveau 4 en la matière consiste à se préoccuper des deux

– objet et processus – et à créer des moments d'appropriation pour « purger » les états d'âme au bon moment, au bon endroit et avec les bonnes personnes. Le manager de niveau 3, quant à lui, s'attache davantage à l'objet et demeure entièrement centré sur ce qu'il reste à faire. Le manager de niveau 2 se préserve, il gère pour lui mais pas pour les autres. Pour ce qui est de son homologue de niveau 1, force est de constater qu'il n'assume généralement pas les difficultés, qu'il s'empresse de trouver des boucs émissaires en en fabriquant de toutes pièces au besoin.

En résumé…

❑ Niveau 4	Transmet toute l'information utile. Met en avant les opportunités et les solutions possibles. Crée des moments d'échanges pour permettre l'appropriation individuelle. Donne du sens et de la visibilité.
❑ Niveau 3	Transmet uniquement l'information nécessaire à l'activité. Reste prudent(e), ne se prononce pas. Incite ses collaborateurs à s'adapter et à mettre en œuvre les mesures adéquates. Confirme l'intérêt du changement.
❑ Niveau 2	Garde l'information. Fait part de ses doutes et de ses craintes personnelles. Navigue en fonction de la conviction des autres. Livre ses doutes et réticences personnelles.
❑ Niveau 1	Transmet des informations dégradées, erronées voire inventées. Amplifie le danger. Colporte des contre-arguments. S'oppose, tourne en dérision, dénigre.

Pas facile d'être un manager de niveau 4… Comment vous situez-vous ? Cochez la situation qui semble le mieux vous correspondre et n'hésitez pas à revenir au contenu de ce chapitre pour vous améliorer…

CHAPITRE 10

La délégation

Le savoir faire faire

> *« Les leaders de demain sont ceux qui sauront donner aux autres pouvoir et responsabilité* (empowerment). »
>
> Bill Gates

Une évolution bénéfique

La délégation constitue sans doute l'un des aspects de la fonction managériale les plus – si ce n'est le plus – en prise directe avec sa raison d'être. En effet, si l'on considère que déléguer c'est « faire faire », les notions de management et de délégation deviennent indissociables. Même dans le cadre du management de projets, où le manager n'a pas d'autorité hiérarchique sur une équipe, la dimension « faire faire » est incontournable.

Les organisations et les comportements ont considérablement évolué au cours des dernières décennies. Nous sommes progressivement passés d'organisations hiérarchiques très structurées, où les comportements managériaux reposaient essentiellement sur l'autorité à des organisations plus « plates » puis à des organisations par projet ou en réseaux, où les comportements managériaux ont davantage à voir avec les rôles de *coaching* et de facilitation. En d'autres termes, pour reprendre un jeu de mots anglo-saxon, le manager est passé d'un rôle de *tormentor* (bourreau) à un rôle de *mentor*. Ne paniquez pas si vous ne vous reconnaissez pas dans cette évolution, il s'agit là d'une tendance lourde, certes observable dans de nombreux cas, mais pas encore d'un comportement généralisé.

Cette évolution n'a pas été sans influencer les styles de délégation et en particulier la manière d'appréhender les questions que se pose – ou est censé se poser – tout manager : « Dois-je déléguer cette tâche au regard de mes responsabilités et de celles de mes collaborateurs, quel intérêt ai-je à le faire ou à ne pas le faire, à qui la déléguer et comment ? »

Les bénéfices associés à la délégation sont multiples : motivation, engagement, développement personnel, responsabilisation des collaborateurs, développement de la prise d'initiative et de l'autonomie, gain de temps et d'efficacité pour le manager…

De surcroît, se substituer à son collaborateur comporte des risques : ne plus avoir le temps de faire ce qui relève de sa propre responsabilité, entériner l'incompétence de son subordonné ou encore le déresponsabiliser et devenir conséquemment « manager poubelle », celui vers qui les collaborateurs viennent déverser tout problème rencontré.

Malgré ces enjeux, force est de constater que les pratiques de la délégation – si elles sont reconnues comme ayant un impact clé sur le fonctionnement d'une entreprise – n'en sont pas moins jugés souvent comme très perfectibles du point de vue de ceux qui les « subissent ».

Que puis-je ou que ne puis-je pas déléguer ? Que dois-je ou que ne dois-je pas déléguer ? Si la responsabilité ne se délègue pas, de nombreuses tâches le peuvent. Il est d'ailleurs plus rapide de lister celles qu'un manager ne peut pas déléguer :

- la décision finale dans les domaines touchant à sa responsabilité, notamment en ce qui concerne les aspects stratégiques et organisationnels ou encore la fixation des objectifs de ses collaborateurs directs ;
- les entretiens de management de ses collaborateurs directs, qu'il s'agisse d'entretiens de progrès, de félicitation ou de recadrage ;

- l'action qu'il doit avoir vis-à-vis de sa hiérarchie pour influencer les processus de décision ;
- le contrôle de la réalisation des tâches qu'il a déléguées (acte inhérent au processus même de délégation) ;
- sa formation personnelle, son information, le maintien ou le développement de ses connaissances ;
- son rôle d'exemple.

Tout le reste peut en principe faire l'objet d'une délégation. Ne pas le déléguer doit donc résulter d'un choix et non d'un sentiment d'obligation plus ou moins conscient.

Lever ses freins personnels

Pourquoi alors de nombreux managers ne délèguent-ils pas à la hauteur de ce qu'ils pourraient ou devraient ? Pourquoi les insuffisances de délégation sont-elles plus répandues que les excès ?

De nombreux freins existent ! « Cela ira plus vite si je le fais moi-même, cela sera mieux fait, en tout cas davantage comme je le souhaite, personne d'autre n'est capable de le faire, j'ai envie de le faire, j'aime le faire… » Quel est le point commun entre tous ces freins ? Ce sont des freins internes, subjectifs, liés au degré de confiance que le manager a envers ses collaborateurs, au degré d'estime qu'il a envers ses propres capacités, son envie ou son plaisir personnels, au caractère irremplaçable qu'il s'attribue généreusement…

À chacun de ces freins il y a une réponse, que chacun doit trouver en remettant en cause ses préjugés.

Le temps, par exemple : certes cela ira – peut-être – plus vite de le faire soi-même. Cela est vrai à court terme ; mais à long terme ? Combien de temps pourra être économisé à chaque fois qu'il faudra réaliser de nouveau cette tâche ? Pourquoi ne pas s'investir dès maintenant dans la formation et le suivi du collaborateur ?

De même pour la confiance : déléguer une tâche à quelqu'un qui n'a pas encore fait la preuve de ses capacités comporte une part de risque ; risque qu'il est possible de maîtriser en mettant en place un accompagnement personnalisé. Mais n'y a-t-il pas un autre danger – plus important sans doute – à toujours confiner ce collaborateur au même périmètre d'action ?

Il en va de même pour le plaisir. Certes, il est important de trouver du plaisir dans son travail. Mais de là à conserver les tâches les plus plaisantes pour soi et à déléguer uniquement les plus ingrates ! Il y a de quoi laisser songeur… Là encore, quel impact cela aura-t-il sur la motivation des collaborateurs ? Sans parler du fait que le temps passé sur des tâches délégables n'est pas affecté à des tâches plus importantes, plus en phase avec les responsabilités finales du manager.

Nombreux sont les managers qui se plaignent de ne pas avoir le temps de se consacrer à des tâches de fond, d'être plus dans la réaction que dans l'anticipation, dans l'action que dans la réflexion… Si vivre dans l'urgence est assimilé par certains à une marque d'importance, nombreux sont également ceux qui voient là un signe d'incompétence. L'urgence constitue d'ailleurs l'un des indices du principe de Peter sur les limites liées à l'incompétence. L'agitation dont font parfois preuve certains managers n'est pas sans rappeler Lewis Caroll, qui dans *À travers le miroir*, fait prononcer ces mots par la reine : « Ici, voyez-vous, il faut courir tant qu'on peut pour rester à la même place. »

L'agitation, le qui-vive perpétuel, n'est-ce pas déjà le début d'Alice au pays de l'échec assuré ?

Des messages saboteurs…

L'analyse transactionnelle apporte, grâce à un concept appelé « *drivers* », un éclairage pertinent sur des freins possibles à la délégation.

Les « *drivers* » (littéralement « vecteurs ») sont, sur le plan psychologique, des messages que l'individu a enregistrés de manière inconsciente au plus profond de lui-même.

Sans prétendre à l'exhaustivité, quels sont les principaux porteurs du virus de non-délégation ou de mauvaise délégation ?

« Sois parfait » : que ce soit pour lui ou pour les autres, le manager en quête de perfection aura souvent tendance à considérer que la tâche ne sera jamais aussi bien faite que par lui-même, donc il ne délègue pas ou surcontrôle.

« Fais plaisir » : le manager qui a ce message interne risque de ne pas oser demander la contribution des autres, il n'initie donc pas l'acte de délégation

« Sois fort » : le manager qui attend que les autres se montrent « forts » aura tendance à déléguer sans donner toutes les bonnes informations et moyens. Son injonction favorite : « Débrouillez-vous ! » signifie alors à l'autre qu'il est mis au défi de prouver son degré d'autonomie.

« Fais effort » : le manager dont la délégation ressemble davantage à un « Épargnez-moi avec ce sujet » invite les autres à fournir des efforts supplémentaires, en négligeant de leur donner les tenants et les aboutissants.

Rapporté à notre « échelle 4-niveaux », cet aspect de la délégation se décline en deux attitudes extrêmes : la prise en compte prioritaire de son environnement par le manager de niveau 4, par exemple ici le développement du collaborateur, et le seul souci de soi, pour le manager de niveau 1, par exemple ici les risques qu'il encourt à s'acquitter de sa tâche ou à la déléguer.

Entre ces deux extrêmes, le manager de niveau 3 privilégie une solution opérante en prenant en considération la capacité du collaborateur, dès lors qu'elle est supérieure à la sienne, et son homologue situé sur le deuxième barreau de l'échelle, tourné exclusivement vers lui-même, prend en compte son envie du moment ou sa charge de travail.

Une fois levés les freins de principe à la délégation de telle ou telle tâche, se pose la question du choix de la personne à qui déléguer.

Comment concilier capacité, motivation et développement personnel ?

En fonction de quoi choisir le collaborateur à qui déléguer une tâche ? Quels critères doivent prédominer ? Comment optimiser les facteurs d'efficacité, de motivation et de développement personnel ?

Tout manager en situation de délégation se trouve confronté, à un moment ou à un autre, à un choix difficile. Le problème soulevé prend toute son importance lorsqu'il s'agit de confier une mission qui sort du cadre habituel ou plus globalement en cas de réorganisation et donc de redistribution des rôles.

Les trois dimensions qui peuvent entrer en ligne de compte au moment de ce choix sont la capacité du collaborateur à réaliser la mission, sa motivation à le faire et la manière dont la mission s'inscrit ou non dans son développement personnel.

Pourquoi ces trois dimensions sont-elles importantes ? La capacité, à l'évidence, permet d'agir sur la prise de risque et le succès de l'entreprise. La motivation agit également en ce sens. Il y a en la matière un phénomène de vases communicants, capacité et motivation pouvant se compenser mutuellement, jusqu'à un certain point, 200 % de motivation étant tout de même impuissants à compenser 0 % de capacité. La manière dont la mission s'inscrit ou non dans le développement personnel du collaborateur agit également sur sa motivation et donc indirectement sur son efficacité. De plus, elle permet à long terme l'accroissement de ses compétences ; ce qui augmente à son tour les opportunités de délégation pour son manager. Les vases communicants jouent aussi dans le domaine des capacités et du développement personnel : plus le premier est faible et plus le second pourra être important – et réciproquement.

Enfin, il existe un troisième lien de cause à effet, cette fois-ci entre motivation et développement personnel : plus le développement personnel est important, et plus la motivation augmente.

Ces trois dimensions sont donc interdépendantes au moins sur le long terme, et les ignorer, même partiellement, revient à figer les possibilités de développement des collaborateurs et donc les possibilités de croissance de l'équipe et, à plus grande échelle, de l'entreprise.

On utilise également souvent la référence à la notion de point fort d'un collaborateur. La zone de points forts correspond à la zone de recouvrement entre les capacités (savoir-faire) et les préférences personnelles (aimer faire). Plus la tâche déléguée s'inscrit dans cette zone, plus il y a de chances qu'elle soit traitée avec efficacité ; et si cela permet au collaborateur de développer ce point fort, dans la perspective de franchir une étape de son développement personnel, que demander de mieux ?

Rien d'étonnant dès lors à ce que l'on positionne au niveau 4 la pratique managériale s'attachant à conjuguer la compétence du collaborateur, sa motivation et son développement personnel, et au niveau 3, celle qui se préoccupe pour l'essentiel de sa compétence et accessoirement de sa motivation. Au niveau 2, il n'y a aucune prise en compte de ces différents paramètres, seule la description de la fonction ou du poste fait foi. Quant au niveau 1, le choix du collaborateur est aléatoire et ce n'est que par hasard s'il intègre l'une des composantes évoquées ci-dessus.

S'il est fondamental de répondre aux questions « quoi, pourquoi et à qui déléguer ? », la question « comment déléguer ? » revêt également toute son importance.

L'attitude « que proposez-vous ? »

Il convient ici d'élargir le sens commun donné au terme de délégation. La définition donnée au début de ce chapitre, « faire faire », pourrait laisser à penser qu'il ne s'agit que de « confier une mission ». Or, l'« attitude de délégation » va bien au-delà. Elle englobe toutes les situations quotidiennes constitutives d'opportunités d'*empowerment* ou de responsabilisation de ses collaborateurs. C'est cette attitude qu'il faut mettre en œuvre lorsqu'un collaborateur vient avec un problème qu'il n'arrive pas à résoudre. Elle encore qui vous indique comment traiter les propositions d'idées nouvelles apportées par un membre de votre équipe. Elle enfin qui vous suggère quel degré d'autonomie laisser à un collaborateur dans la réalisation d'une tâche.

En l'espèce, le point clé de l'efficacité du manager réside dans sa capacité à distinguer entre ce qui n'est pas négociable et ce qui l'est et à transcrire ce distinguo dans ses comportements. La majorité des difficultés que nous avons pu relever proviennent d'un manque de clarté voire de fermeté sur les éléments non négociables, ou d'un excès d'autorité sur les éléments négociables, et en particulier sur le choix des moyens pour parvenir à l'objectif, théoriquement de la responsabilité du collaborateur.

Ainsi, pour ne parler que du deuxième point – le premier étant traité dans les chapitres concernés – nombreux sont les managers qui ont du mal à faire preuve de ce que nous appelons l'attitude « que proposez-vous ? », à savoir la réelle capacité à donner à leurs collaborateurs la chance de trouver leur « chemin » sans le leur imposer ou le leur suggérer.

Pourquoi cette attitude est-elle si difficile à mettre en œuvre ? Sans doute parce qu'elle nécessite de s'être débarrassé de nombreux préjugés qui peuvent mener à douter de la compétence de son collaborateur, à surinvestir son rôle de manager en voulant à tout prix indiquer la voie à suivre, ou tout simplement à vouloir gagner du temps.

Pourquoi cette attitude est-elle fondamentale tant au regard de l'efficacité que de la motivation du collaborateur ? Mettons-nous un instant dans sa peau. Qu'est-ce qui nous motivera le plus : que l'on nous impose ou nous suggère le chemin ou bien que l'on nous donne la possibilité de le déterminer nous même ? Sur laquelle de ces voies serons-nous le plus prêt à nous engager ? De laquelle nous sentirons-nous le plus responsable ? Par ailleurs, laquelle de ces attitudes incitera à faire preuve de créativité, tirera les compétences et l'esprit d'initiative vers le haut ? Laquelle permettra de gagner du temps ? Est-il besoin de préciser la réponse à ces questions ?

Bien sûr, pour être efficace et motivante, l'attitude « que proposez-vous ? », nécessite la réunion de deux éléments. D'une part, une écoute et une remise en question réelles quand son collaborateur vient proposer des idées différentes ; d'autre part, une adaptation au niveau de compétence et d'expérience de ce dernier.

faible

Compétence et expérience du collaborateur

forte

Objectif	***Chemin***
Manager	Manager (+ Collaborateur)
Manager	Collaborateur + Manager
Manager + Collaborateur	Collaborateur
Collaborateur (+ Manager)	Collaborateur

Le management situationnel selon Hersey Blanchard

Ce concept propose de croiser deux paramètres : la réalisation de la tâche (encadrer) et la motivation des individus (encourager). En s'appuyant plus ou moins sur l'une ou l'autre de ces orientations, on arrive à quatre styles aux caractéristiques suivantes :

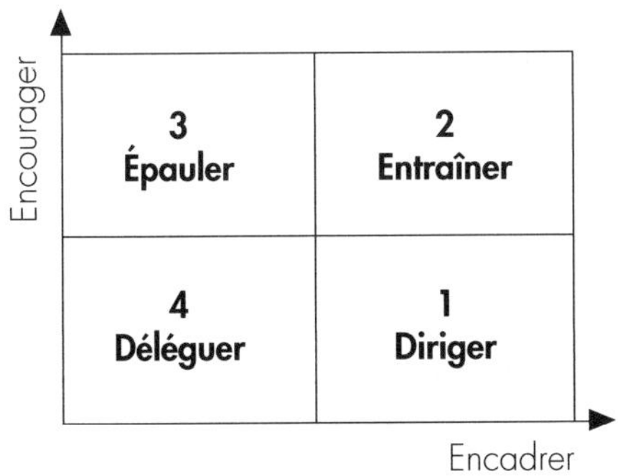

diriger : le manager structure ses rapports de travail selon un mode directif en donnant des instructions et en veillant à leur respect

entraîner : le manager mobilise selon un mode persuasif en expliquant davantage et en sollicitant les suggestions

épauler : le manager associe ses collaborateurs selon un mode participatif en les encourageant et en partageant la responsabilité de la décision

déléguer : le manager responsabilise selon un mode « délégatif » en transmettant la responsabilité de la décision et de la résolution des problèmes

Comment cette attitude se traduit-elle sur le niveau 4 de notre échelle ?

S'agissant de la manière d'atteindre un objectif, seuls les managers incitant d'abord leurs collaborateurs à trouver le meilleur chemin et leur apportant ensuite l'aide appropriée peuvent se voir gratifier d'une pratique de niveau 4.

De la même façon, lorsque leurs collaborateurs sollicitent leur aide, ces dirigeants échappent au syndrome du « manager poubelle » en prenant garde à leur demander d'abord leurs propositions avant de les aider à élaborer une solution. Une telle pratique permet à leurs collaborateurs de gagner en assurance, en compétence et, à terme, en autonomie.

Enfin, si l'on considère la manière de prendre en compte les idées nouvelles apportées par leurs collaborateurs, seuls les managers valorisant l'initiative et donnant aux propositions toutes leurs chances d'aboutir motiveront leurs collaborateurs à prendre ce type d'initiative et à faire preuve d'engagement et de créativité.

Pour conclure, compte tenu des enjeux évoqués et des bénéfices à la clé pour l'entreprise, le collaborateur et le manager, il est vital de réunir ces trois conditions :

- lever ses freins personnels, ses préjugés ;
- concilier, autant que faire se peut, compétence, motivation et développement personnel ;
- pratiquer l'attitude « que proposez-vous ? », tout en l'adaptant aux situations, et en particulier au niveau de compétence et d'expérience de ses collaborateurs.

La mise en œuvre de cette attitude nécessite de la persévérance et un sens de l'anticipation éprouvé. En effet, un collaborateur qui n'est pas habitué à ce que l'on lui demande ses propositions ne donnera en général pas de réponse immédiate, et il faudra sans doute s'y prendre à plusieurs reprises pour qu'il intègre ce nouveau rôle.

De plus, pour être efficace, cette posture nécessite de ne pas aborder les problèmes dans l'urgence, ceci afin de donner réellement la possibilité au collaborateur d'élaborer et de suivre sa « propre voie ». La tentation est toujours grande, pour tout manager qui se respecte, de fondre sur l'alibi du manque de temps pour imposer sa façon de faire.

En résumé...

❑ **Niveau 4** Délègue en prenant en considération le développement personnel de l'autre. S'attache à conjuguer la compétence et la motivation de ses collaborateurs. Rend ses collaborateurs autonomes en les incitant à trouver le meilleur chemin pour atteindre l'objectif et en leur apportant l'aide appropriée. Lorsqu'un collaborateur lui propose une idée nouvelle, valorise l'initiative et inscrit la proposition dans une démarche de développement possible. Lorsqu'un collaborateur lui soumet un problème, lui demande d'abord ses propositions puis l'aide à élaborer une solution.

❑ **Niveau 3** Délègue lorsque la compétence du collaborateur est supérieure à la sienne. Se soucie prioritairement de la compétence technique et accessoirement de la motivation des membres de son équipe. Accorde de l'autonomie, a tendance à livrer ses idées en premier, mais laisse à ses collaborateurs la possibilité de les compléter et/ou de les mettre en cause. Étudie dans le détail les idées nouvelles proposées par ses collaborateurs et fait le point sur la suite à leur donner. Lorsqu'un salarié lui soumet un problème, lui suggère une piste et lui demande son avis.

❑ **Niveau 2** Délègue en fonction de son envie du moment, de sa charge de travail. Ne prend en compte que la description du poste de ses collaborateurs. Ne laisse aucune autonomie sur la détermi-nation du meilleur chemin pour atteindre l'objectif : impose sa propre manière de faire. Évalue seul(e) et succinctement la pertinence des idées nouvelles proposées par ses collaborateurs, puis donne suite ou non. Lorsqu'un membre de l'équipe lui soumet un problème, lui donne « la » solution.

❑ **Niveau 1** Délègue en fonction des risques qu'il/elle encourt à le faire lui/elle-même. Ne se soucie ni de la compétence, ni de l'envie de ses collaborateurs à assumer cette tâche ni même de la description de fonction. Ne porte aucun intérêt à la détermination des moyens à mettre en œuvre pour atteindre l'objectif mais impose des points de détail insignifiants. N'apporte aucune attention aux idées nouvelles proposées par ses collaborateurs. Lorsqu'un salarié lui soumet un problème, le laisse se débrouiller, voire le culpabilise.

Pas facile d'être un manager de niveau 4… Comment vous situez-vous ? Cochez la situation qui semble le mieux vous correspondre et n'hésitez pas à revenir au contenu de ce chapitre pour vous améliorer…

CHAPITRE 11

L'évaluation

De l'évaluation à l'évolution

« Évaluer, c'est créer : écoutez donc, vous qui êtes créateurs !
C'est l'évaluation qui fait des trésors et des joyaux
de toutes choses évaluées. »

Friedrich Nietzsche

Drôle de décalage

L'évaluation est à la mode. On nous presse de toutes parts de nous livrer à elle, en toute circonstance. Halte ! Posons-nous d'abord la question : évaluer, oui, mais pour quoi faire ? Quels sont les objectifs et enjeux de cet acte managérial incontournable ? Mesurer les résultats ? Analyser les performances ? Motiver ? Récompenser ? Recadrer ? Fixer des objectifs ? Donner du *feed-back* ? Mieux connaître ses collaborateurs ? Accompagner leur développement personnel, leur évolution professionnelle ? Sans doute tout cela à la fois !

Tout manager devrait par conséquent se réjouir à l'approche d'une situation offrant de telles opportunités, et s'y préparer avec grand soin.

Qu'en est-il dans les faits ? Le traditionnel entretien d'évaluation, d'appréciation, de progrès, d'évolution, quel que soit le nom qui lui est donné, est souvent perçu et vécu comme une formalité administrative dont il faut s'acquitter, comme une contrainte et une perte de temps, qui donnera lieu au mieux à un compte rendu dont la raison d'être n'est que de grossir les piles de documents stockés à la DRH.

Qui ne s'est jamais lamenté en constatant qu'il a « x entretiens à réaliser avant la fin de l'année… » ? Qui ne s'est jamais posé cette question lancinante : « À quel moment les planifier pour que cela empiète le moins possible sur le *temps de travail* ? »

D'où vient ce paradoxe entre d'une part l'enjeu et les opportunités à la clé et d'autre part le manque d'engouement des managers et des collaborateurs ?

Manque de sens ? Ces enjeux, ces opportunités sont-ils clairs pour tous ?

Manque d'envie lié à des préjugés ou des mauvaises expériences en la matière ?

Manque de savoir-faire dans la conduite d'un entretien qui nécessite à lui seul de nombreuses qualités managériales ?

Différents aspects sont en jeu : la communication de l'entreprise sur l'importance et le but de ces entretiens, l'exemplarité des dirigeants dans leur conduite, la façon dont la communication de l'entreprise permet de rattacher leur but à des valeurs partagées, les compétences relationnelles des managers et leur capacité à se remettre en cause.

Confronter et non juger

Comment mener un entretien d'évaluation de niveau 4 ? Sur quel mode ? Comment se positionner en tant que manager : en juge, en témoin, en *coach*, en évaluateur expert… ? Qui doit parler le plus ? Qui doit parler en premier ?

Tout le monde est en général d'accord sur le principe. Le collaborateur doit s'exprimer en premier, et par voie de conséquence son manager doit l'écouter avant de lui livrer sa perception des choses.

Ce consensus affiché masque mal une réalité moins idyllique ; il suffit pour s'en convaincre de poser la question aux premiers intéressés. Impatience, peur d'entendre une version différente de la sienne, manque de considération pour le point de vue de l'autre, certitude de détenir la vérité... tous les freins à l'écoute active peuvent être invoqués pour expliquer cet état de fait.

Quelles sont les différentes pratiques observées sur ce point ?

La pratique de niveau 4 consiste à questionner d'abord son collaborateur. Et lorsque les points de vue divergent, la priorité reste au questionnement. Elle se traduit par un questionnement approfondi, constant. Le manager remet en cause son point de vue personnel avant celui de son interlocuteur. Cela fait, il donne son point de vue, basé sur des faits concrets et non sur des impressions personnelles.

À l'opposé, la pratique de niveau 1 se limite à porter des jugements. Elle ressemble étrangement à la phase finale d'un procès au cours de laquelle le juge prononce le verdict. Aucune place n'est laissée à l'avis du collaborateur, mais de plus, les jugements portés sont aussi définitifs que subjectifs, ils reposent sur des impressions, des rumeurs, rarement sur des faits concrets.

Entre ces deux extrêmes, la pratique de niveau 2 consiste à livrer son appréciation personnelle, tout aussi subjective mais moins tranchée qu'au niveau 1. En effet, il peut arriver au manager de niveau 2 de soumettre son appréciation à la validation de son collaborateur.

Au niveau 3, le manager confronte son image à celle de son collaborateur. Il fonde sa perception sur des faits concrets, mais à la différence de son collègue de niveau 4, il donne son point de vue avant de questionner son collaborateur.

Pourquoi demander d'abord au collaborateur de s'exprimer ? Qui d'autre que lui peut apprécier ce qu'il a dû accomplir ? Non seulement cette attitude montre de l'intérêt et de la considération pour le point de vue de son interlocuteur, mais elle permet au manager de ne pas déformer l'appréciation de ce dernier. En effet, comment peut-il être sûr que son collaborateur n'est pas influencé par sa vision des choses s'il s'exprime juste avant lui ? Le risque, pour le salarié, est d'ajuster inconsciemment son discours au point de vue de la personne qui lui est hiérarchiquement supérieure. Par là, le manager se met en position de découvrir des éléments dont il n'avait pas conscience, de mesurer s'il est en phase ou en décalage avec son collaborateur, de faire prendre conscience plus facilement à ce dernier des écarts de perception et d'obtenir de lui une plus grande remise en cause.

Le but n'est donc pas ici de juger ni même d'évaluer – *stricto sensu* – le collaborateur, mais de *l'aider à s'évaluer lui-même* ! Seule une réelle prise de conscience de sa part peut déclencher des changements appropriés et durables. Quand un collaborateur est par exemple conscient des points à améliorer, il sera assez facile de les transformer en plan d'action. Dans le cas inverse, l'entretien ne peut aller beaucoup plus loin que de porter à connaissance les faits avérés.

Lorsqu'il s'agit de désaccords portant sur l'avenir – objectifs de progrès, évolution professionnelle, formation – après échange des points de vue respectifs, si le désaccord perdure, seul le « courage managérial » peut débloquer la situation. Comment ? Soit en disant « non » aux propositions ou demandes du collaborateur jugées irréalistes ou exagérées et donc en prenant le risque de le démotiver. Soit en les acceptant avec la part de risques qu'elles comportent tout en limitant celle-ci par un accompagnement approprié. Sans doute l'un des choix managériaux les plus sensibles et les plus nobles.

Sujets à creuser, sujets à éviter

Quels sujets aborder ou ne pas aborder au cours d'un entretien d'évaluation ? Combien de temps passer sur chaque sujet ? Dans quel ordre les aborder ?

Il s'agit d'un entretien consacré au collaborateur et dont la raison d'être est de faire le point sur une longue période. Il s'ensuit que, par définition, tout ce qui le touche de près ou de loin, son organisation, sa motivation, ses compétences, ses points forts, ses points à améliorer, ses objectifs, sa formation, son évolution dans l'entreprise, etc. y a sa place.

Le positif d'abord

Là encore, l'accord de principe est de mise : il faudrait commencer par le positif. On ne constate pas vraiment de décalage entre ce discours et la pratique. Toujours est-il que le temps consacré à l'analyse des points positifs est souvent insuffisant. L'examen des points positifs est fréquemment considéré comme un passage obligé, une amorce « politiquement correcte » à l'entretien permettant de créer un climat propice avant d'entrer dans le vif du sujet. Il n'en est rien. Cette étape est fondamentale – et pas seulement pour motiver le collaborateur. Bien sûr, la reconnaissance ainsi marquée aura un effet positif sur sa motivation. Bien entendu, le fait d'avoir analysé ses succès le sécurisera et l'aidera à se remettre en question lorsqu'il s'agira d'examiner les points à améliorer. Mais la raison qui rend cette étape incontournable et la hisse au rang de pratique de niveau 4 est tout autre. Il s'agit avant tout de tirer les leçons de ses réussites, d'identifier ses points forts, ses bonnes pratiques, afin de l'en rendre conscient et de lui permettre de les utiliser davantage. Or, si la plupart des managers explorent systématiquement les raisons d'un échec, ils n'ont bien souvent pas le même réflexe quand il s'agit des réussites.

Ainsi, l'analyse des succès et des points forts mérite qu'on y consacre autant de temps qu'à celle des échecs et des points à améliorer.

L'évaluation n'est pas une fin en soi. Il s'agit d'élaborer un plan d'action permettant de faire évoluer la performance en s'inscrivant dans une perspective de développement personnel et d'évolution professionnelle motivante pour le collaborateur et intéressante pour l'entreprise. C'est pourquoi nous préférons parler d'entretien d'*évolution* plutôt que d'entretien d'*évaluation*.

Ainsi l'analyse conjointe par le manager et son collaborateur des réussites et échecs, des points forts et des points à améliorer permet de se mettre d'accord sur des objectifs concrets et de construire de façon non moins conjointe un plan d'action approprié.

Et la formation ?

Au chapitre des points importants à aborder dans cette perspective figure notamment la formation du collaborateur. Là encore, les pratiques diffèrent et peuvent être étalonnées sur notre échelle en fonction de leur impact sur la performance et le développement personnel du collaborateur. Un manager de niveau 4 aidera son collaborateur à se constituer un plan de développement sur le long terme. Son homologue de niveau 3 s'assurera de la mise à jour des compétences nécessaires à la bonne exécution des différentes tâches, quand son collègue du barreau inférieur se limitera à répondre aux demandes. Quant à la pratique de niveau 1, elle aboutit la plupart du temps à retarder ou à rejeter les demandes.

La rémunération : un sujet qui fâche

Sujet tabou par excellence dans les cultures latines, ce point fait souvent l'objet d'une forte attente du collaborateur même s'il n'est pas expressément à l'ordre du jour de l'entretien. Le traiter au cours de celui-ci risque fort d'aboutir au mélange des genres, au risque de perdre de vue sa réelle dimension. Pour autant, il est difficile de refuser catégoriquement d'aborder ce sujet, car cela peut frustrer le salarié et créer un malaise. La meilleure façon de procéder consiste sans doute à recueillir les doléances du collaborateur, les arguments qui en sont au fondement, et à ne pas y répondre dans l'immédiat, mais lors d'un entretien ultérieur dédié à ce sujet. En effet, il est impératif de lui faire comprendre que le sujet de la rémunération n'est que partiellement en rapport avec l'objet de la conversation en cours ; elle dépend également de facteurs externes, tels que la santé financière de l'entreprise, son système de rémunération… Il est donc essentiel de ne pas polluer cet entretien par un enjeu qui risque de mettre en péril la recherche d'objectivité qui devrait y primer.

La relation manager-managé

L'entretien d'évolution représente une opportunité supplémentaire pour celui qui le dirige : évaluer et faire évoluer son propre mode de management à l'égard du collaborateur concerné. En d'autres termes, l'occasion de demander un *feed-back* et de convenir de changements éventuels à opérer dans son accompagnement et l'aide à lui apporter.

Des signes qui ne trompent pas

Quel degré de formalisation donner à un entretien d'évolution ? Comment trouver un juste équilibre entre rapport administratif en trois exemplaires et discussion informelle sur un coin de table ou entre deux portes ?

Pour ne parler que de l'entretien annuel, les méthodes varient considérablement. La pratique considérée comme exemplaire – celle de niveau 4 – consiste à expliquer, à rappeler le sens et à souligner l'importance des points en discussion, celle-ci n'étant finalement que le reflet de l'importance accordée au collaborateur, à ses performances et à son évolution. Le second point d'attention consiste à préparer l'entretien et demander au collaborateur d'en faire de même, en prenant le soin de lui commenter le document correspondant.

La planification

Cet aspect est également crucial. Un tel entretien se planifie suffisamment à l'avance afin d'en permettre la préparation. Idéalement – au niveau 4 –, l'entretien trouve sa place dans le plan de développement du collaborateur ; à l'autre extrémité de l'échelle, l'entretien est improvisé, voire greffé à une autre conversation sans préavis.

De surcroît, le respect du collaborateur et l'importance qui lui est accordée sont visibles dans la manière dont le manager s'organise pour ne pas être dérangé. La pratique de niveau 4 ne fait place à aucune interruption.

Le compte-rendu

Il en va de même pour l'élaboration d'un compte-rendu. Au niveau 4, il est élaboré de façon contradictoire et fidèle. Tout en bas de l'échelle, il fait apparaître, quand il existe, des éléments non abordés dans l'entretien. Au niveau 3, le compte-rendu est fait par le manager puis validé par le collaborateur, et au niveau 2, il s'agit d'un compte-rendu réalisé de façon unilatérale et partielle par le manager.

Selon les entreprises, les documents accompagnant l'entretien annuel, voire semestriel, peuvent atteindre différents niveaux de complexité et de formalisation. Quel que soit celui-ci, il est important de garder à l'esprit que le compte-rendu n'est qu'un support, et pas forcément un guide. En effet, rares sont les documents qui intègrent dans leur structure la dynamique qu'il convient de donner à l'entretien. Il est donc préférable, dans la plupart des cas, de prendre des notes au cours de ce dernier, et de ne remplir le dossier que dans un second temps.

La fréquence

À quelle fréquence l'entretien d'évolution d'un collaborateur doit-il avoir lieu ? Quel lien y a-t-il entre cette fréquence et le décalage évoqué en début de chapitre ? La mise en œuvre une ou deux fois par an de l'approche décrite ici est-elle suffisante pour évaluer et faire évoluer la performance d'un collaborateur ? Si notre expérience dans ce domaine nous a permis de forger la conviction qu'il n'y a pas de recette ni de nombre magiques, elle nous amène aussi à penser que cette démarche ne peut pas fonctionner si elle est menée de manière isolée ou ponctuelle. Le processus d'évaluation/évolution des collaborateurs doit être permanent. Tout entretien avec un collaborateur constitue une opportunité de l'aider à s'évaluer et à fixer ne serait-ce qu'un objectif de progrès.

L'évolution des collaborateurs n'est donc pas l'affaire d'un ou deux entretiens dans l'année. Elle est un processus continu alimenté par l'attention portée et la dynamique impulsée par le manager. La façon dont ce dernier conduit ce processus reflète sa compétence managériale sur le plan comportemental. En effet, l'entretien d'évolution ne regroupe-t-il pas l'essentiel des comportements qu'un manager doit maîtriser : écouter, questionner, remettre en question ses *a priori*, donner du *feed-back*, féliciter, recadrer en cas de dérive, gérer d'éventuels désaccords, convaincre, dire « non », prendre des risques, construire un consensus autour d'objectifs de progrès ?

Pour finir, la résultante de ce processus, à savoir l'évolution de ses collaborateurs, ne constitue-t-elle pas la plus belle réussite du manager ?

En résumé...

- ❑ **Niveau 4** Transforme l'entretien annuel en entretien de progrès. Situe l'entretien dans le plan de développement du collaborateur et explique le document de préparation. Questionne de manière approfondie puis donne un point de vue basé sur des faits. Considère au même titre la performance et la manière de s'y prendre. Aide son collaborateur à se créer un plan de développement sur le long terme. Synthétise avec lui en faisant ressortir les points d'accord et de désaccord.
- ❑ **Niveau 3** Fait de l'entretien annuel un bilan d'activité. Convient d'une date et fait parvenir les documents nécessaires. Donne un point de vue basé sur des faits puis le confronte à celui de son collaborateur. Prend d'abord en considération la performance et ne s'intéresse à la manière de s'y prendre que lorsqu'elle n'est pas là. S'assure de la mise à jour de ses compétences techniques. Fait un résumé de l'entretien et en demande validation à l'intéressé.
- ❑ **Niveau 2** Réduit l'entretien annuel à une formalité administrative. Improvise l'entretien quand il/elle a un « trou » dans son agenda. Communique son appréciation personnelle et la valide accessoirement avec le collaborateur. Ne prend en considération que la performance. Se limite à répondre aux demandes de formation. Ne mentionne qu'une partie des échanges dans le compte-rendu.

❑ **Niveau 1** Réduit l'entretien annuel à une succession de jugements personnels. Le greffe sans prévenir à un autre entretien. Ne porte que des jugements subjectifs. Prend en compte de façon aléatoire parfois la performance, parfois la manière de s'y prendre. Retarde ou rejette les demandes de formation. Ne fait aucun compte-rendu ou, quand il en fait un, peut y faire apparaître des points non abordés pendant l'entretien.

Pas facile d'être un manager de niveau 4… Comment vous situez-vous ? Cochez la situation qui semble le mieux vous correspondre et n'hésitez pas à revenir au contenu de ce chapitre pour vous améliorer…

CHAPITRE 12

Le contrôle

La tâche qui ne se délègue pas

« Qui contrôle le passé contrôle l'avenir. »
Aldous Huxley

Une question de responsabilité avant tout

S'il y a un domaine pour lequel les préjugés culturels sont la cause de différences très marquées entre les pratiques, c'est bien celui du contrôle.

Demandez à un manager français – ou de culture latine – s'il aime contrôler ; huit fois sur dix la réponse sera négative. Posez la même question à un anglo-saxon, la proportion sera inversée.

Pourquoi ? Là encore, la maxime qui veut que « nos préjugés dictent notre comportement » trouve une application criante.

Pourquoi le contrôle a-t-il si mauvaise presse dans notre culture ? Qu'il s'agisse de contrôle fiscal, de contrôle d'identité, de contrôle qualité, etc..., il est pratiqué et vécu comme la recherche d'un défaut, si ce n'est comme un « flicage » qui se donne pour but de coincer l'autre.

Pas étonnant, dès lors, qu'appliquée au monde du management cette démarche soit perçue négativement. Et la célèbre phrase de Lénine,

« *la confiance n'exclut pas le contrôle* », n'y change rien. Dans l'esprit du salarié, contrôle rime avec méfiance.

Nous avions conclu ainsi une étude sur le thème « Confiance & conflits » (Krauthammer Inter-action, *Trust & Trouble in Organisations*, 2001) : *la confiance, c'est accepter de se rendre vulnérable aux actions de l'autre*. Elle se crée « pas à pas », mais s'en va « au grand galop ». Pas étonnant, dès lors, qu'après une défaillance le contrôle soit intensifié de façon drastique voire excessive.

Qui plus est, le fait que ce dernier, bien souvent, ne porte que sur les manques, les insuffisances, n'arrange pas la situation. Au sentiment de défiance s'ajoute celui d'injustice. Et cet état de fait est renforcé dans les entreprises à forte culture technique ou scientifique, pour lesquelles le contrôle est par définition la recherche du grain de sable qui peut poser problème.

Il en va tout autrement dans les cultures anglo-saxonnes. Un premier élément d'explication nous vient de la sémantique : le mot *control* y signifie « maîtrise », comme l'illustre par exemple l'expression « *self-control* ». Cela influe évidemment sur la perception que peuvent en avoir les managers et les collaborateurs et par voie de conséquence sur leur comportement.

Dès lors que l'on considère le contrôle sous l'angle de la maîtrise, il ne s'agit plus d'une *question de confiance* mais d'une *question de responsabilité*. Or s'il y a une chose qui ne se délègue pas, c'est bien la responsabilité ! Et de la responsabilité découle l'obligation de vigilance ; les choses ne se font jamais toutes seules, il faut en suivre la réalisation. Il en va ainsi de tout ce à quoi nous attachons de l'importance dans la vie : la sécurité de nos enfants, leur éducation…

Ainsi, autant une tâche peut être intégralement déléguée, autant la responsabilité ne peut être que partagée. C'est là l'essence même du contrôle, sa raison d'être ! Il s'agit de la seule tâche que l'on ne peut déléguer.

De plus, si nous nous prêtons à un exercice d'AIP (voir le chapitre sur l'attitude intérieure positive), il est possible de contrebalancer ces préjugés : contrôler, c'est maîtriser, anticiper, réagir à temps, montrer de l'intérêt, féliciter, aider, sécuriser… Il ne s'agit pas de contrôler la personne mais la tâche ! C'est une question de responsabilité et non de confiance !

Pour conclure sur les bonnes raisons d'aborder le contrôle plus positivement, posons-nous la question des effets négatifs de son absence. Sans parler des risques de dérive déjà évoqués, *quid* de la crédibilité du manager qui délègue une tâche en en soulignant l'importance, puis maintient un silence radio ? *Quid* de l'importance que le collaborateur accordera à cette tâche s'il n'est effectué aucun contrôle sur sa bonne réalisation ? Il convient donc de redonner au contrôle ses lettres de noblesse, de revaloriser cet acte managérial et de saisir l'opportunité qu'il représente.

Féliciter et aider

Tout réside dans la manière d'opérer le contrôle. Celle-ci est à la fois une conséquence de nos préjugés et la cause de ceux-ci. Les préjugés négatifs que nous pouvons avoir sur le contrôle sont alimentés par les mauvaises expériences que nous accumulons dans ce domaine, que nous en soyons l'auteur ou l'objet.

Ainsi, nous risquons fort d'être entraînés dans une spirale négative dans laquelle nos expériences négatives renforcent nos préjugés qui, à leur tour, renforcent nos comportements, rendant ainsi nos expériences toujours plus négatives.

Prenons le cas d'un manager qui nourrit des préjugés négatifs sur le contrôle.

Qu'aura-t-il tendance à faire lorsqu'il déléguera ? À ne pas contrôler ou le moins possible ou encore le plus tard possible. Par conséquent, à quel moment sera-t-il obligé de contrôler ? Quand cela ira vraiment mal. Quand il sera peut-être trop tard. Et, du coup, il ne pourra que pointer ce qui ne va pas. Cette expérience négative du contrôle ne pourra que renforcer l'image déjà négative qu'il en avait, à savoir celle d'un acte managérial consistant à identifier les erreurs ou les manques.

Une fois cette prise de conscience effectuée, il convient de sortir de cette spirale négative et de nouer avec des expériences positives du contrôle, qui viendront modifier notre filtre.

Comment faire ? Quelle est la pratique de niveau 4 sur ce point ? Tout d'abord, pour sortir de cette spirale, s'intéresser aux réussites. Et s'il n'y en a pas de flagrantes, s'intéresser aux efforts qui ont été accomplis. Le contrôle est un moment privilégié pour donner un *feed-back* ; commençons par le positif, que nous avons souvent tendance à passer sous silence ! Cela aura pour effet non seulement de motiver le collaborateur, de faire preuve d'une juste reconnaissance, mais aussi de l'inciter à poursuivre ses efforts et à capitaliser sur ses réussites.

Et il ne s'agit pas ici d'un préliminaire « social » avant d'entrer dans le vif du sujet. Il s'agit d'une attitude tout à fait en phase avec la recherche de la « maîtrise » de la situation. Contrôler, c'est anticiper, y compris le fléchissement potentiel des efforts, l'essoufflement du collaborateur. Et le fait de féliciter le collaborateur pour ses efforts ou ses résultats augmente la probabilité que ce dernier poursuive dans cette voie.

Le manager dont la pratique en matière de contrôle se situe au niveau 4 ne se contente bien évidemment pas de féliciter. Il apporte son aide pour combler les écarts entre les résultats et les objectifs. Aider ne consiste pas ici à « faire avec » ou pis encore « faire à la place de » son collaborateur. Cela consiste plutôt à lui permettre d'identifier ou de mettre en œuvre les moyens pour combler les écarts entre les réalisations et les objectifs. La première démarche est de demander au collaborateur de faire des propositions avant de lui faire ses propres suggestions.

La pratique de niveau 3 en matière de contrôle se porte essentiellement sur cette dernière partie : l'aide. Le manager s'enquiert des problèmes et s'assure de leur résolution. Au niveau 2, le dirigeant n'est plus dans une démarche d'aide. Non seulement il ne se focalise que sur « ce qui ne va pas » mais, de plus, il se contente de « recadrer » le collaborateur sans le soutenir.

Quant au niveau 1, le manager n'est plus du tout dans une perspective de contrôle des résultats, mais de la personne ; et bien sûr seulement sur les aspects négatifs. Il agit comme si le fait de trouver un coupable était plus important que de trouver une solution. Pas étonnant dès lors que son attitude se limite pour l'essentiel à blâmer le collaborateur pour son absence de résultats. « *Quand le gouverneur est suspicieux le peuple devient coupable.* » ; le proverbe chinois s'applique parfaitement à la pratique de niveau 1.

Si l'intention, au même titre que la façon de contrôler, constituent un premier axe de travail, le choix du moment en constitue un deuxième.

Planifier les étapes

Que ressent un collaborateur lorsqu'il est contrôlé sans que cela ait été annoncé ni même envisagé ? Au sentiment d'être pris par surprise se mêle une méfiance renforcée !

Si le contrôle n'est pas planifié, à quel moment le manager prend-t-il le plus souvent l'initiative de le déclencher ? Quand les résultats sont mauvais !

Que ressent un collaborateur dont les bons résultats n'ont donné lieu à aucun contrôle mais dont les échecs font systématiquement l'objet d'une analyse tatillonne ? Il ne peut que s'indigner face à une telle iniquité !

On voit bien, à la lumière de ces exemples, la nécessité d'une planification du contrôle. Ceci confirme par ailleurs la nécessité d'assortir toute délégation de mission d'au moins un objectif concret (voir à ce sujet le chapitre sur la fixation des objectifs), c'est-à-dire mesurable et borné dans le temps, et idéalement de mettre en place des objectifs intermédiaires pouvant tenir lieu de points de contrôle.

C'est la raison pour laquelle tout manager dont la pratique flirte avec le niveau 4 effectue des contrôles à chaque étape préalablement établie en commun. « En commun » ne signifie pas seulement que le collaborateur soit au courant de ce planning, mais qu'il soit associé à sa détermination. Ainsi, un dirigeant qui pratique le contrôle au niveau 4 ajuste la fréquence des contrôles en fonction de chaque situation : expérience et compétence du collaborateur, présence d'un enjeu particulier, etc. Il en résulte un état d'esprit plus positif à l'égard de ces points de contrôle ainsi qu'une meilleure préparation des entretiens correspondants.

Quelle que soit la situation, le manager respecte le *planning* prévu. Si tout va bien, il prend le temps de le féliciter sur la bonne conduite de la mission. Si la situation se dégrade, il peut même décider de rajouter certaines étapes après en avoir convenu avec son collaborateur.

Ce principe s'applique également dans le cas du contrôle qualité où, par définition, certaines vérifications doivent être effectuées à des moments aléatoires. En effet, à partir du moment où manager et collaborateur sont d'accord sur le principe, cela revient à planifier les étapes du contrôle, même si la date n'est pas arrêtée avec précision.

La pratique de niveau 4 peut être assortie d'un système amenant le collaborateur vers l'auto-contrôle, tout en conservant la proximité évoquée ci-dessus. Cela peut se concrétiser par exemple par l'utilisation de l'*early warning*, c'est-à-dire de l'avertissement préventif, par lequel le collaborateur prévient suffisamment « tôt » en cas de turbulences.

Aux autres niveaux de notre échelle, les choses se déroulent différemment : au niveau 3 le contrôle s'effectue au fur et à mesure, essentiellement à la demande du collaborateur ; à l'échelon inférieur, uniquement lorsque les résultats sont mauvais. Quant au niveau 1, il s'effectue inopinément, en fonction de l'humeur du manager.

Il en va de même pour le contenu du contrôle. Au niveau 4, parce qu'ils ont été déterminés en commun et précisés en amont, les indicateurs faisant l'objet du contrôle sont connus, approuvés, pertinents et adaptés à la situation. À l'opposé, au niveau 1, les contrôles portent sur des points qui peuvent être anecdotiques, non mesurables, inappropriés, voire inconnus.

Quoiqu'il en soit, chaque dirigeant devrait garder à l'esprit cette phrase d'Aldous Huxley, sans doute le plus bel éloge que l'on puisse faire du contrôle : « *Qui contrôle le passé contrôle l'avenir !* »

En résumé...

- ❑ **Niveau 4** Contrôle à chaque étape préalablement définie en commun. Félicite le collaborateur pour ses résultats et/ou ses efforts et l'aide à combler les écarts entre les réalisations et les objectifs.
- ❑ **Niveau 3** Contrôle au fur et à mesure, essentiellement à la demande du collaborateur. S'enquiert des problèmes et s'assure de leur résolution.
- ❑ **Niveau 2** Contrôle uniquement lorsque les résultats sont mauvais. Pointe ce qui ne va pas et « recadre » le collaborateur.
- ❑ **Niveau 1** Contrôle inopinément, quand bon lui semble. Blâme le collaborateur pour son absence de résultats.

Pas facile d'être un manager de niveau 4… Comment vous situez-vous ? Cochez la situation qui semble le mieux vous correspondre et n'hésitez pas à revenir au contenu de ce chapitre pour vous améliorer…

Chapitre 13

La félicitation

Recherche signes de reconnaissance désespérément...

« Le refus des louanges est un désir d'être loué deux fois. »
La Rochefoucauld

L'indispensable *stroke exchange market*

Si dans le monde des affaires les managers sont plus familiers du *stock exchange* (littéralement « échange d'actions »), dans le monde de la psychologie le *stroke exchange* (l'échange d'unités de reconnaissance) a toute sa légitimité. Le terme de *stroke* a été introduit par Éric Berne, le fondateur de l'analyse transactionnelle. Il désigne une « unité de reconnaissance ». Le degré de motivation d'un collaborateur se mesure en ks (*kilos strokes*) autant qu'en k$ (*kilos dollars*). Recevoir un *stroke*, c'est d'abord et avant tout être remarqué par quelqu'un. Les expériences faites sur des rats de laboratoire par Henri Laborit ou sur des bébés élevés en pouponnière par R. Spitz attestent que tous les êtres vivants ont besoin de contacts avec leurs semblables. Si les enfants ont besoin de *strokes* pour survivre, les adultes continuent à en avoir besoin pour vivre ! En poussant à l'extrême, ce que l'on appelle la torture blanche, qui consiste à isoler totalement un individu du monde extérieur, est réputé générer des souffrances et des troubles plus atroces encore que la torture physique. Dans les circonstances les plus affreuses, il est avéré que les prisonniers préféraient la torture corporelle à l'isolement total…

En d'autres termes, au sein d'une équipe, les individus préfèrent être méprisés ou dénigrés plutôt qu'ignorés.

Être l'objet d'attention ou de reconnaissance fait partie de nos désirs fondamentaux.

D'après les résultats d'une enquête menée en 2004 par l'institut de sondage Gallup sur un échantillon de 5 millions d'Américains au travail, il apparaît que 65 % des collaborateurs n'auraient reçu aucune félicitation ou reconnaissance au cours de l'année écoulée. Selon l'équivalent américain de notre ministère du Travail, la non-reconnaissance serait la première cause de *turn-over*. L'entreprise ne peut se permettre le luxe d'avoir une politique managériale qui méconnaîtrait cet aspect et par là même obèrerait sa productivité globale.

Types de *strokes*

De la même manière qu'on parle de bons et de mauvais plats, il existe également des *strokes* positifs ou négatifs et des *strokes* inconditionnels ou conditionnels qui se combinent ainsi :

Type de *stroke*	**Attention venant de**	**Exemple**
Conditionnel positif	Ceux qui apprécient vos actes	« J'apprécie la manière dont vous faites cela »
Conditionnel négatif	Ceux qui n'apprécient pas un de vos actes	« Je n'aime pas cela vous concernant »
Inconditionnel positif	Ceux qui vous apprécient tel que vous êtes	« Je vous apprécie, je vous aime »
Inconditionnel négatif	Ceux qui ne seront jamais dans votre fan club	« Vous êtes sans intérêt »

Les *strokes*, en tant que signaux de reconnaissance, sont nécessaires dans l'équilibre de toute communication. Lorsque nous déployons des trésors d'énergie pour recevoir des amis chez nous, nous attendons sans doute plus qu'un remerciement poli en fin de soirée. Un rappel le lendemain pour indiquer par exemple que la soirée était réussie permettrait d'équilibrer attention donnée et attention reçue. En fait, tout acte de communication véhicule des *strokes*. Il n'est que de rappeler l'anecdote suivante. Le commandant de bord (français) d'un vol retardé d'un jour à l'aéroport d'Heathrow s'excusa durant trois longues minutes en français et dix secondes en anglais : tout le monde avait souri, tant le déséquilibre des *strokes* était notoire.

Une histoire de poissons

Gregory Bateson a étudié pendant plusieurs années les schémas de communication des marsouins, notamment dans la manière d'apprendre un tour. À chaque comportement *remarquable* le dresseur donnait un coup de sifflet et lançait un poisson qui venait ainsi conditionner soit l'apprentissage d'une tâche, soit sa répétition. Après un moment, le dresseur a estimé nécessaire d'enfreindre les règles établies en lançant de temps à autre un poisson « non mérité » pour maintenir sa relation avec lui. En effet, s'il n'était pas attentif au maintien de sa relation avec le marsouin et n'agissait pas assez pour la préserver et/ou la renforcer, celui-ci ne poursuivait pas l'apprentissage, il refusait de coopérer et l'expérience se soldait par un échec cuisant. Le poisson immérité sans coup de sifflet créait puis entretenait la relation de manière inconditionnelle. Le poisson joue donc le rôle de *stroke* soit en vue d'ancrer un comportement attendu (celui qui lui amène un poisson mérité), soit pour renforcer la relation entre le marsouin et son dresseur (symbolisée par le poisson immérité).

Les managers de niveau 4 savent donner des signes inconditionnels de reconnaissance. Ils savent prolonger une rencontre aléatoire au café, parler « d'autre chose » suite à une réunion, ou encore avoir une démarche volontaire pour déjeuner avec toute l'équipe. Au niveau 3, les signes de reconnaissance sont souvent liés à la tâche ; je mange avec toi *parce que* tu viens de signer un contrat ou *parce que* tu as terminé un dossier important. Au niveau 2, on peut imaginer que nos chers marsouins verraient à leurs actes une finalité tout autre que celle du poisson. Ils les considéreraient plutôt comme une manière pour le dompteur de se faire lui-même applaudir par son propre public. Enfin, au niveau 1, gageons que le marsouin sauterait hors du bassin et rentrerait dare-dare aux vestiaires, ne comprenant plus rien à l'incohérence des coups de sifflet et souffrant de sous-alimentation ; il irait sans doute chercher d'autres bassins et d'autres dompteurs si le choix lui était donné !

Les conditions d'une félicitation qui touche

Dire « je vous félicite » suffit-il réellement à résumer l'acte de féliciter ?

La félicitation est une démarche volontaire et non pas un appendice que l'on greffe à une situation. Elle devrait prendre la même place, ni plus ni moins, qu'une remontrance. Si nous prenions connaissance d'une réclamation venant d'un client important à l'encontre d'un collaborateur, nous irions sans doute le voir sur-le-champ ou le convoquer à notre bureau. Pourquoi serait-ce différent pour un appel témoignant d'une totale satisfaction d'un client à l'égard du même collaborateur ? La félicitation devrait être un acte de management à part entière.

Pour cela, il est nécessaire de réunir quelques conditions.

Spontanée

La félicitation commence avec une double contrainte : respecter un certain nombre d'ingrédients tout en restant spontanée. Cette spontanéité doit donner un accent de sincérité et refléter l'expression d'une attitude positive. Elle part donc du postulat selon lequel l'autre a de la valeur et, en ce sens, elle ne saurait être considérée comme conditionnelle. Cette attitude interne est la meilleure garantie d'une absence de manipulation. Nous l'évoquions au chapitre du méta-message, la spontanéité confère de la congruence au message, elle le renforce, et elle est souvent la marque d'une réelle admiration. C'est cette touche émotionnelle qu'une pratique de niveau 4 apporte par comparaison à une félicitation installée au niveau 3. Cette spontanéité se traduit parfois au niveau 2 par une formule négative : « Pas mal !» En soi, ce n'est pas pénalisant, on sait que dans la bouche de certains « pas mal » signifie « remarquable ». Cette pratique devient pénalisante dans sa répétition, induisant ainsi l'idée que ce n'est jamais assez bien, jamais parfait. Au niveau 1, on a déjà entendu des commentaires qui se veulent positifs et qui sont de véritables torpilles : « Pas mal votre rapport, pour une fois ! »

Personnalisée

Ce point est essentiel et peut même sembler en opposition avec le point précédent. La spontanéité présuppose la projection de son propre filtre. La personnalisation quant à elle participe d'une certaine quête : celle de comprendre, au-delà des actes et des résultats visibles, les réels motifs de fierté de l'autre, c'est-à-dire de faire le voyage dans son filtre. La question « De quoi êtes-vous particulièrement fier ? » devient dès lors une démarche nécessaire pour bien appréhender la perception de l'autre. C'est une insuffisante maîtrise de cette notion de personnalisation qui avait valu un flop retentissant à un journaliste qui interviewait Roger Moore. Le félicitant pour son rôle dans James Bond, il n'avait reçu pour seule réponse que le silence car l'acteur était agacé de devoir sans cesse résumer sa filmographie à cette seule interprétation. Penaud et surpris de cette réaction, le journaliste avait lancé en guise de bouée de sauvetage cette question : « De quoi alors êtes vous le plus fier ?» C'est cette investigation qui lui avait permis de comprendre que l'acteur plaçait sa fierté dans un rôle bien moins connu. L'extrapolation à d'autres situations est sans limites : faut-il féliciter un commercial pour une belle affaire pour laquelle il n'aura pas beaucoup pesé car le client était déjà acquis ou pour une affaire moindre où sa contribution fut déterminante pour déloger un concurrent ? Faut-il féliciter un enfant qui a cravaché pour avoir la moyenne en mathématiques avec un professeur particulièrement exigeant ou faut-il saluer sa bonne note en anglais avec un professeur laxiste qui ne descend jamais en dessous de la moyenne ?

À chacun son moteur

Savoir féliciter à bon escient, c'est connaître et comprendre ce à quoi l'autre est sensible. Pour reprendre les six différents types de personnalité de Taïbi Kahler déjà présentés au chapitre consacré au filtre, on peut dégager ce que chacun d'entre eux a besoin d'entendre.

Vous vous reconnaîtrez sans doute dans l'une ou l'autre de ces propositions :

- « J'apprécie que vous fassiez partie de notre équipe, vous comptez beaucoup pour moi » (*stroke* inconditionnel centré sur la personne pour le type empathique) ;
- « Vous êtes à la hauteur de votre rôle, j'apprécie votre force de conviction, vous êtes digne de confiance » (toucher le statut, la reconnaissance du travail et des convictions pour le type persévérant) ;
- « Avec vous au moins on ne s'ennuie pas : quel humour ! Quelle créativité ! » (favoriser le besoin de contact ludique du type rebelle) ;
- « Votre capacité d'analyse, votre esprit logique et votre organisation font de vous la personne compétente par excellence à ce poste » (reconnaître la compétence, le travail et l'organisation du type travaillomane) ;
- « Votre calme et votre capacité à prendre du recul, la profondeur de vos réflexions nous sont précieux » (toucher le besoin de solitude et la reconnaissance de l'imagination pour le type rêveur) ;
- « Vous avez été incroyable sur ce coup ! Quel coup de maître remarquable ! C'est quoi votre botte secrète ? » (titiller le besoin d'excitation et d'action pour le type promoteur).

Le manager de niveau 4 sait que la valeur de la félicitation s'attache autant aux efforts qu'aux résultats. Le manager de niveau 3 s'attache exclusivement aux résultats. Au niveau 2, le manager félicite lorsque le résultat obtenu lui a rapporté un bénéfice personnel, et au niveau 1 la félicitation a toujours une visée manipulatrice en vue de l'obtention d'un avantage propre.

Proportionnée

Seule la dose sépare le poison du remède. De même la félicitation peut-elle, elle aussi, devenir toxique. C'est d'ailleurs parfois la rançon d'un excès inverse que l'on veut subitement compenser. Le fléau du balancier transforme pendant quelques semaines en cortège de louanges les années d'abstinence. La félicitation se doit d'être à la hauteur des faits. Elle doit être « juste », distillée à la mesure de ce qui s'est réellement passé.

Désintéressée

« J'ai trouvé votre présentation remarquable ; bravo ! Au fait, pourriez-vous en préparer une autre pour la réunion mensuelle sur… » Félicitation gratuite ou liée à une demande ? C'est une pratique assez typique du niveau 2 qui tend à faire une récolte personnelle rapide de la félicitation semée quelques secondes auparavant. Elle peut même revêtir une forme de manipulation proche du niveau 1 lorsque la récolte importe plus que la semence. « Tout flatteur vit aux dépens de celui qui l'écoute » disait Jean de La Fontaine. Elle a de toute façon une portée réduite pour celle ou celui à qui elle était destinée. La demande annule la félicitation. Elle irrite souvent ceux d'entre nous qui furent les aînés d'une famille et qui ont enregistré comme une mise en garde cette manière de déclamer « Toi qui es grand et responsable, tu veux bien surveiller ton petit frère ? » Ce type d'accumulation conduit parfois au développement d'une allergie à la moindre forme de félicitation.

D'égal à égal

La félicitation est-elle un acte hiérarchique condescendant ? On pourrait le croire à en juger par le nombre de personnes qui soupçonnent tout collaborateur félicitant son chef d'obséquiosité. Si on suivait cette hypothèse, la félicitation supposerait un ascendant hiérarchique ou induirait une position dominante, tel le geste célèbre de Napoléon pinçant l'oreille de ses grognards. La félicitation ne doit pas être une prise de pouvoir, ni une manière d'envoyer un méta-message servant à entrer dans un rapport de dominant à dominé. Elle doit au contraire être communiquée d'égal à égal. Pour reprendre un aspect cher à notre confrère Marshall Rosenberg (*op. cit.*), un condescendant « vous êtes un bon collaborateur » peut présenter un aspect violent à deux titres : d'une part parce que cette félicitation induit un jugement de valeur que son auteur se réserve la possibilité d'infirmer le lendemain, d'autre part parce que le verbe « être » associé au « vous » atteint l'identité de l'autre. Lorsqu'elle est formulée par le dominé, la félicitation se transforme souvent en remerciements. La distinction est cependant nette : la félicitation est tournée vers l'autre, quand le remerciement est tourné vers soi. On félicite lorsqu'on a trouvé l'autre remarquable, exprimant ainsi l'admiration. On remercie lorsqu'on se sent redevable, exprimant ainsi la gratitude.

Concrète

Nous avons loué la vertu du concret pour éviter toute incompréhension. Ici encore, dire « J'ai particulièrement apprécié la rapidité de votre réponse pour le budget » est sans équivoque. Il permet à l'autre de réellement percevoir ce que nous apprécions dans ce qu'il a fait, que ce soit un résultat ou un effort. La précision factuelle est vitale pour recadrer un collaborateur comme pour en faire l'éloge. Elle permet de rester centré sur l'événement, le fait déclencheur.

Entre incitation et récompense

Comme bien souvent en matière de management, la frontière entre la motivation et la manipulation est très ténue. Le poisson incite le marsouin à reproduire une figure, la félicitation incite celui qui la reçoit à reproduire des comportements conformes. Ignorer cet aspect inhérent à la félicitation consisterait à faire abstraction des théories élémentaires du renforcement psychologique. En effet, féliciter pour un effort, c'est aussi motiver pour un résultat. C'est prendre la place de cet entraîneur qui se tient debout près du terrain et qui va saluer l'effort important d'un joueur pour l'aider à recharger ses batteries et l'inciter à reproduire un réflexe identique lors d'une prochaine action de jeu ou tout simplement l'encourager pour qu'il gagne le match.

Au-delà de cet aspect incitatif, la félicitation trouve sa place dans le management de la récompense – le *reward management* (il semblerait qu'il faille toujours un terme d'outre-Manche pour lancer une nouvelle tendance dans le domaine du management…) – qui se définit comme l'ensemble des processus développés et mis en place en vue d'améliorer la performance d'une organisation et d'atteindre ses objectifs. Or, le management de la performance, dans sa sanction positive, amalgame trop souvent le trio infernal reconnaissance-récompense-rétribution et ne se traduit en fin de compte bien souvent que par des solutions monétaires. Parce qu'il est plus facile de changer un système qu'une culture, plus de temps et d'énergie sont investis pour sophistiquer les modes de rétribution que pour faire évoluer les comportements managériaux vers davantage de reconnaissance. Et pourtant ! Les aspects monétaires sont généralement plus une cause d'insatisfaction qu'une source de motivation additionnelle ; en outre, une augmentation de salaire motive quelques semaines avant d'être considérée comme normale.

S'il y a un domaine où incitation motivante et récompense se rejoignent, un domaine où l'on peut pêcher par excès, c'est bien celui de la reconnaissance… humaine !

En résumé...

❑ **Niveau 4** Spontané et naturel, il fonde ses félicitations sur ce qui légitime la fierté de l'autre. S'exprime d'égal à égal, se montre présent et encourageant pour aider l'autre à transformer les efforts en résultats.

❑ **Niveau 3** Sincère, il fonde sa félicitation sur des faits positifs observables. S'exprime d'égal à égal, se montre surtout conscient des résultats et parfois des efforts lorsqu'ils sont visibles.

❑ **Niveau 2** Tourné avant tout vers lui, il félicite suite à un acte qui sert ses propres intérêts. Tend à prendre une position dominante, n'est pas présent aux efforts de l'autre.

❑ **Niveau 1** Machiavélique, il ne félicite que lorsqu'il a besoin de l'autre. Émet des jugements moraux à partir d'une position dominante, seuls les résultats qui lui profitent l'intéressent, auquel cas il demande des efforts supplémentaires.

Pas facile d'être un manager de niveau 4... Comment vous situez-vous ? Cochez la situation qui semble le mieux vous correspondre et n'hésitez pas à revenir au contenu de ce chapitre pour vous améliorer...

Chapitre 14

Le *feed-back*

Manager n'est pas ménager

« Quand la prudence est partout, le courage n'est nulle part. »
Désiré-Joseph Mercier

Le principe de rétroaction

Le terme de *feed-back* est apparu au XXe siècle pour désigner un phénomène de rétroaction. Étymologiquement, il signifie « nourrir en retour ». Cette notion a émergé du développement d'une science, la cybernétique, dont l'illustre fondateur a pour nom Norbert Wiener. Cybernétique vient du grec *kubernêtikê*, « l'art de gouverner ». Il fut utilisé par Platon pour l'art de diriger un navire puis par Aristote pour celui de diriger une communauté. Wiener lui a taillé ses habits neufs. D'abord utilisé pour décrire l'action et la réaction dans tout type de système (électrique, mathématique, biologique…), la cybernétique a ensuite été largement utilisée dans le domaine technologique. À titre d'exemple, elle a permis le développement du tir de missile ou de torpille (trajectoire complexe) complétant ainsi les techniques plus classiques de tir au canon (trajectoire linéaire).

L'essence même de la cybernétique est le *feed-back*, au sens propre du terme. L'action d'un élément sur un autre entraîne en retour une réponse (aussi appelée « rétroaction » ou « *feed-back* ») du second élément vers le premier. On dit alors que ces deux éléments sont reliés par une boucle de *feed-back* (ou boucle de rétroaction) qui permet l'adaptation du comportement du système et la mémorisation de l'historique du fonctionnement en vue de tirer des enseignements du passé. Le *feed-back* assure deux fonctions essentielles :

- une fonction de contrôle, pour s'assurer de la correspondance entre l'état ou la position actuels et l'état ou la position souhaités. C'est une information comparative, tout écart est signalé au centre de contrôle ;
- une fonction d'optimisation de la performance en équilibrant la sensibilité et la stabilité du système. Il ne doit être ni trop réactif, impressionnable, ni trop lent voire figé.

N'en est-il pas de même dans le monde managérial ? L'information reçue ne nous permet-elle pas de mesurer et contrôler l'impact de nos actions ? L'information donnée ne permet-elle pas d'optimiser la performance en rendant la personne plus sensible ou plus stable ?

La place du *feed-back* dans l'entreprise

Si cette science a été à l'origine de la pensée systémique, elle a exercé une influence non négligeable sur l'évolution des pratiques managériales. Le management par objectifs peut s'assimiler à l'entrée des données dans le système et le *reporting* à la mise en place de la circulation de l'information pour évaluer les effets des actions en cours et adapter les actions suivantes en vue de tenir la consigne (les objectifs).

Nous laisserons volontairement de côté les formes assimilées au *feed-back* que sont la félicitation ou le recadrage puisqu'elles font l'objet de chapitres à part entière. Ce qui nous préoccupera ici sera de définir sa place avant d'explorer la manière de le délivrer de manière efficace ou de savoir le recevoir.

Le *feed-back* arrive en partie naturellement

Pour reprendre le parallèle avec la cybernétique, les collaborateurs ne sont pas des canons qui auraient tendance à ne jamais se fixer exactement à l'endroit désiré ; l'être humain, lui, est en perpétuel mouvement, sans jamais pouvoir se stabiliser véritablement. Si la trajectoire d'un missile obéit à des normes strictes, l'action d'un collaborateur tolère une marge d'erreur par rapport à la performance attendue. L'être humain a un cerveau, pas le canon. De plus, les entreprises à l'identité très forte génèrent en leur sein de nombreuses injonctions à se conformer aux usages. Le corps social réagit alors à l'instar d'un corps humain qui mobilise ses anticorps à la menace d'un virus. Dès lors qu'un collaborateur manifeste un écart comportemental en rupture avec les valeurs et principes en vigueur, il n'est pas rare d'entendre une phrase du type « Pas chez nous, tu ne peux pas agir ainsi ! » Martelée, elle exprime une culture vécue et incarnée continûment qui joue le rôle d'un zoom automatique permettant de rectifier le tir immédiatement.

Le *feed-back* est une information sur la performance

« Il n'y a pas d'échec, il n'y a que du *feed-back* » n'est pas, en dépit des apparences, une formule creuse. Du point de vue cybernétique, l'échec n'est rien d'autre qu'un signal observé contraire au signal initial et qui mérite recalage. Prenons l'exemple d'un satellite qui dévie de sa trajectoire : il s'agira de le remettre sur orbite, de réduire au minimum le temps de réaction, puis de comprendre ce qui a perturbé le système pour en tirer les enseignements utiles sur son fonctionnement. De même, les analyses portant sur la performance d'une organisation devraient permettre de respecter les objectifs fixés, d'améliorer la réactivité et d'être à chaque fois l'occasion d'une expérience instructive.

Le *feed-back* est une condition de vitalité

Pour qu'il soit efficace, le *feed-back* devrait être une préoccupation continue. Bruce Tulgan, considéré par certains comme le nouveau Tom Peters, précise : « Pour avoir des équipes juste-à-temps, il faut du *feed-back* juste-à-temps. » Nous avons tous besoin de rétroactions immédiates. Le joueur de tennis voit en permanence le retour de son action par le renvoi de la balle. Le pilote voit s'il est parvenu à faire atterrir l'avion. Le chirurgien voit si l'opération a réussi. Ces deux métiers à risque sont réputés par celles et ceux qui les pratiquent pour leur apport de *feed-back* rapide et gratifiant. Un peintre, lui, va devoir développer un sens personnel profond de ce qu'il veut pour savoir s'il est sur le bon chemin.

Le *feed-back* comportemental s'inscrit lui aussi dans un système

Donner du *feed-back* comportemental, c'est donner au présent une information sur un comportement passé qui peut influencer un comportement futur.

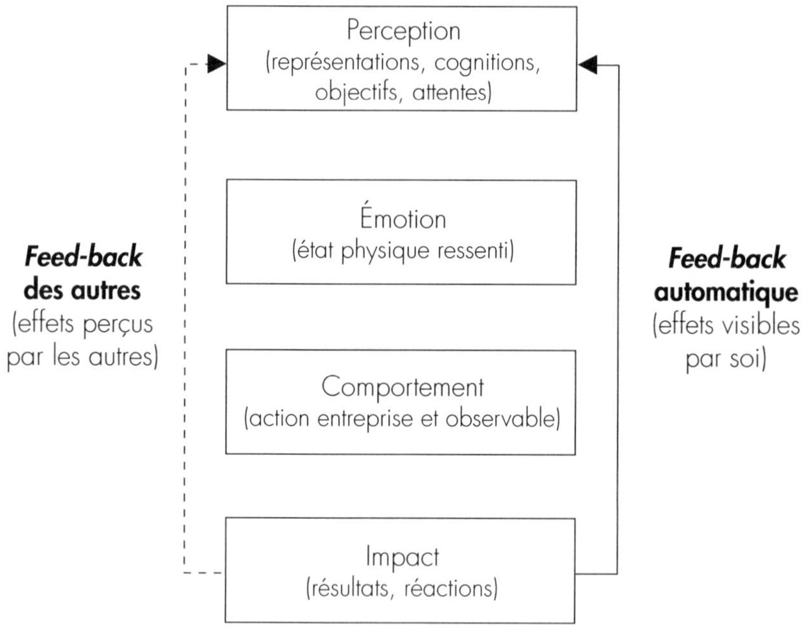

Chacun d'entre nous se promène avec ses objectifs et ses attentes mais aussi ses bagages de valeurs, ses croyances, ses préjugés de toutes sortes qui, combinés à ses perceptions et émotions spontanées le font agir et se comporter d'une certaine manière. Nous obtenons du *feed-back* sous forme de perceptions permettant d'apprécier si notre comportement est en phase avec nos objectifs.

De façon générale, c'est le fait de partager ses perceptions et conclusions avec notre interlocuteur qui constitue réellement l'acte « donner du *feed-back* ».

Personne ne doute de l'importance du *feed-back*. Mais comment en obtenir et en donner ? Si cette question vous taraude, espérons que vous trouverez des éléments de réponses en poursuivant votre lecture…

Savoir décerner un Oscar

Une première recette pourrait consister à découper des lettres dans du papier journal pour constituer son message et signer de manière anonyme : « Un corbeau qui vous veut du bien ! » Tentant pour nos managers de niveau 1, pas vraiment sérieux pour les autres.

Une première pratique de niveau 4 consiste à valider la réceptivité de l'interlocuteur avant de délivrer son *feed-back*. Poser la question « Puis-je vous faire une remarque ? » prépare l'autre psychologiquement et nous permet de vérifier sa disponibilité à recevoir de l'information.

Nous invitons ensuite les managers à décerner un Oscar. La symbolique positive du mot témoigne davantage du cadeau que de la gifle, il souligne également qu'un *feed-back* de haute qualité au niveau 4 reflète une façon de prendre soin de l'autre. La formule est un acronyme composé des mots suivants : observable, spécifique, constructif, action, résultat. La phraséologie peut devenir ainsi : « J'ai observé (O) votre agacement dans votre manière de répondre à Paul, notamment dans la situation (S) où il parle de vos résultats. Si vous changez (C) votre première réaction de défense en marquant quelques secondes de silence (A), cela aurait pour résultat (R) un débat plus serein et factuel où vous pourriez mieux faire valoir vos droits. »

La formule peut paraître longue, elle est pédagogique.
Elle contient néanmoins les ingrédients d'un *feed-back* efficace.

L'observation factuelle

Le *feed-back* est plus utile quand les faits sont précis et spécifiques car ils évitent la connotation du procès d'intention. Prenons un instant pour comparer ces deux *feed-backs* : « Votre rapport est pauvre. »

(niveau 2) ou, pire, « Je vous croyais plus engagé que cela à faire du bon travail » (niveau 1) n'a pas la pertinence d'un *feed-back* de niveau 3 : « Votre rapport ne tient pas compte de la charte graphique et des dernières conclusions du projet X. »

Les effets et les conséquences

Le *feed-back* doit permettre de se référer à un comportement possible à changer. « Le retard pris dans ce projet a incité le client à nous mettre en concurrence ; comment améliorer notre célérité pour être en mesure de rester en position privilégiée ? » Le comportement est un moyen au service d'une fin. Le manager de niveau 4 se soucie de montrer l'impact en terme de conséquences, surtout quand il n'est pas direct, immédiat et tangible ce qui est le propre de nombreuses dérives comportementales.

Les pièges des niveaux 1 et 2

Les pratiques de ces niveaux pénalisent le *feed-back* par des généralisations comme « toujours », « jamais » qui tracent des limites arbitraires aux propos. L'utilisation de conseils hérisse souvent, mieux vaudrait aider le collaborateur à saisir l'ensemble des phénomènes. Le manager de niveau 1 et 2 emploie le verbe être au détriment du verbe faire. Là où le premier provoque souvent une réaction défensive, par un jugement sous-entendu du type « Soyez efficace ! », le second a plus de chance d'être entendu : « Faites parvenir au client ce rapport sous huit jours ! »

Les freins au *feed-back*

Ce sont souvent nos craintes qui nous freinent à délivrer du *feed-back*. On s'imagine que notre interlocuteur va mal le prendre. Pourquoi serait-ce le cas ? Serions-nous les seuls à savoir prendre du recul ? Aurions-nous le monopole de la lucidité ? Penser cela revient finalement à avoir une plus haute opinion de soi. Quel que soit l'obstacle, il faut garder présent à l'esprit que ne pas donner de *feed-back* signifie tout simplement qu'on n'accorde pas de valeur à l'autre ! Une autre manière de s'habituer à en donner consiste à demander du *feed-back* sur notre propre *feed-back* ; c'est d'ailleurs une discipline conseillée pour s'assurer d'une bonne compréhension de notre message (voir à ce sujet nos réflexions dans le chapitre portant sur le méta-message).

Savoir prendre une résolution

Une pratique assez distinctive du niveau 4 réside dans la capacité de l'individu à aller rechercher du *feed-back*. Une de nos publications, *Vision*, avait dans un numéro consacré aux *golden collars* (cols d'or) fait ressortir leurs propres exigences de *feed-back* de la part de leurs managers. Le *feed-back* se sollicite. Ceux qui le sollicitent en tirent en général davantage profit que les autres. Quand on y regarde bien, il est partout. Comme dans beaucoup de processus, on reçoit du *feed-back* ce qu'on est prêt à y mettre. Pour cela, il n'est rien de mieux que de le considérer comme partie intégrante de nos responsabilités. Le mieux est de l'obtenir par différentes sources pour multiplier les perceptions et se faire sa propre image de nos effets. À ce titre, les évaluations 360° constituent une mine d'information quand elles sont bien exploitées et que le *feed-back* est authentique, sans règlement de compte ni complaisance.

Le rejet du *feed-back* provient généralement d'un manque de confiance dans la personne interrogée, d'une absence de clarté, d'une incapacité à être pertinent ou encore d'un choc qui amène l'intéressé à contester l'image de l'autre. La courbe de deuil présentée au chapitre du changement se manifeste alors avec son lot de rejet, de déni, de colère, de tristesse ou de peur.

Lorsque le *feed-back* est accepté, il faut le traiter. Soit il est univoque, l'action en constitue alors le meilleur accusé-réception. Soit il est plus global ou multicritères, comme lors des évaluations 360°, auquel cas il s'agit de prendre une « résolution ». Comment ? En informant sur les points positifs, en clarifiant ce qui est controversé et en isolant les principaux points d'amélioration pour les transformer en vraies résolutions.

En résumé…

❑ **Niveau 4** Élève le *feed-back* au rang de pratique culturelle incontournable. Fonde le *feed-back* sur la contribution à l'autre. Donne du *feed-back* en exprimant les faits observés, invite à l'action compensatrice, nomme les conséquences positives. Reçoit le *feed-back* soit parce qu'il lui arrive naturellement soit parce qu'il le sollicite, en affiche une réelle prise en compte.

❑ **Niveau 3** Intègre le *feed-back* comme une nécessité pour réguler l'activité. Fonde le *feed-back* sur l'efficacité attendue. Donne du feed-back en citant les faits, alerte des effets négatifs. Reçoit le *feed-back* quand l'autre initie ; il l'écoute, l'accepte puis réagit.

❑ **Niveau 2** N'envisage le *feed-back* qu'en réaction à une nuisance personnelle. Fonde le *feed-back* sur son propre agacement. Donne du *feed-back* en émettant une vague évaluation stérile sans aucun apport pour le futur. Ne cherche pas à recevoir de *feed-back*, le conteste ou se justifie.

❑ **Niveau 1** Considère le *feed-back* comme une perte de temps ou un défouloir. Fonde le *feed-back* sur la défiance. Donne du *feed-back* en expédiant un jugement aléatoire négatif avec un effet destructeur. Évite de recevoir le moindre *feed-back*, s'en moque ou agresse.

Pas facile d'être un manager de niveau 4… Comment vous situez-vous ? Cochez la situation qui semble le mieux vous correspondre et n'hésitez pas à revenir au contenu de ce chapitre pour vous améliorer…

CHAPITRE 15

Le recadrage

Ni eau douce, ni acide

« La seule véritable erreur est celle dont on ne retire aucun enseignement. »
John Powell

L'entretien de tous les dangers

Recadrage, réprimande, reprise d'autorité, sanction… les mots ne manquent pas pour qualifier un entretien souvent considéré par les dirigeants comme particulièrement important et délicat à la fois. Sans doute l'un des actes managériaux que ces derniers appréhendent le plus ou estiment avoir le plus de mal à réaliser. En effet, de la tournure que prend l'entretien dépend la suite des événements, tant sur le plan de l'action (le collaborateur ne change rien ou opère les changements attendus de façon plus ou moins durable…), que sur celui de la relation (au beau fixe, à tendance orageuse, voire dans la spirale cyclonique).

Il est vrai que l'attitude des managers au cours de cet entretien peut varier du tout au tout, de « Je vais me le payer… » à « Je vous prie de bien vouloir m'excuser de vous demander cela, mais si vous pouviez essayer de faire un petit effort… », sans même parler de l'absence pure et simple d'entretien.

Enfin, nombreux sont les freins psychologiques qui conduisent les managers à être trop passifs, du type : « Il n'y a que ce point qui pose problème, il a d'excellents résultats par ailleurs – pour l'instant il n'y a pas péril en la demeure – comment va-t-il le prendre, cela ne risque-t-il pas de détériorer notre relation ou sa motivation ? » Nombreux sont également les accélérateurs psychologiques qui les poussent à être trop durs : « C'est inacceptable – cela ne peut plus durer – il mérite une bonne leçon – il se moque du monde… »

Comment concilier exigence et motivation ? Résultat concret et qualité de la relation ?

Comment faire de cet entretien un tremplin permettant au collaborateur de rebondir dans l'entreprise et non vers la sortie ? Comment éviter les pièges de la goutte d'eau douce qui glisse sans pénétrer et de la goutte d'acide qui transperce et détruit tout sur son passage ?

C'est l'écart qui pose problème, pas les faits

Quels sont les éléments déclencheurs d'un entretien de réprimande ? Ou quels devraient-ils être ? Pourquoi telle tenue vestimentaire, tel comportement, tel résultat est-il jugé inacceptable ici et acceptable là, et ceci parfois au sein d'une même entreprise ?

La clairvoyance du manager constitue un premier critère discriminant. Ce n'est pas le fait qui constitue une faute en tant que tel. C'est l'écart entre ce fait et un certain référentiel. Ce référentiel est constitué de l'ensemble des éléments clés qu'un manager a entre autres pour mission de faire respecter : valeurs, principes et règles en vigueur dans l'entreprise, objectifs fixés, responsabilités et rôles définis. Assimilable en ce sens au rôle de l'arbitre sur un terrain de sport doublé de celui de l'entraîneur sur le banc de touche, le rôle du manager est donc de recadrer les écarts par rapport aux règles du jeu (arbitre) et à la stratégie et l'organisation définies en amont (entraîneur). Il doit par conséquent faire appliquer un référentiel connu de ses collaborateurs et non uniquement de lui.

Ceci rend « hors jeu » le recadrage d'un collaborateur pour des faits considérés comme inacceptables de la simple appréciation personnelle du manager, à savoir en référence à son seul système de valeur ou, pire encore, du fait de son humeur du moment.

Cette confusion entre le fait et l'écart conditionne tout le reste. En effet, comment faire comprendre à un collaborateur qu'il doit changer, si le comportement ou le résultat attendu ne se situe pas dans un référentiel préalablement connu et accepté par lui ou, pire, si ce référentiel est mouvant selon le bon vouloir du manager ?

De plus, faire cette distinction dans l'entretien, en rappelant le principe par rapport auquel il y a eu écart avant d'aborder les faits, oblige le collaborateur à prendre de la hauteur et l'aide à ne pas prendre cela pour une attaque personnelle et injuste (voir le mécanisme d'« identification » décrit dans le chapitre sur la maîtrise de soi).

Le collaborateur n'est pas le seul à devoir prendre de la hauteur. En effet, dans un premier temps c'est sans doute son manager qui en a le plus besoin. Et ce à plusieurs titres :

- pour maîtriser ses éventuels débordements émotionnels tout d'abord – quand les faits reprochés sont en écart important par rapport à l'une de ses valeurs personnelles par exemple –, car le « coup de gueule », s'il fait du bien à celui qui le pousse, n'est en général suivi que d'effets de courte durée ;
- pour matérialiser concrètement l'écart et identifier précisément la valeur, le principe, la règle, l'objectif ou la responsabilité dont s'est écarté le collaborateur ;
- pour évaluer dans quelle mesure, en tant que manager, il n'aurait pas éventuellement une part de responsabilité dans cet écart, soit par défaut d'information préalable de son fait, soit pour avoir confié à son collaborateur une tâche au-dessus de ses capacités ;
- pour préparer l'entretien et notamment formuler la valeur, le principe, la règle, l'objectif ou la responsabilité dont s'est écarté le collaborateur, de telle manière qu'il n'y ait pas de risque d'incompréhension.

Comment identifier et formuler ce dernier point ? Si cela est relativement aisé lorsqu'il s'agit d'un écart par rapport à une règle écrite, à un objectif fixé ou un manquement à une responsabilité figurant sur le contrat de travail du collaborateur, la tâche s'avère plus complexe lorsqu'il s'agit d'éléments plus abstraits tels les valeurs et les principes caractérisant la culture d'entreprise.

Comment donc formuler ce point ? En se posant par exemple la question : que risque-t-il de se passer si l'on laisse prospérer ce type d'agissements ? Par exemple, que se passera-t-il si l'on tolère telle tenue vestimentaire ? Dans le cadre des relations avec les clients, c'est l'image de l'entreprise qui risque d'en pâtir. Par conséquent le rappel du principe pourra être fait de la façon suivante : « Sommes-nous d'accord sur l'importance que nous accordons au fait de véhiculer telle image auprès de nos clients ? » Cette formulation sera également applicable pour des faits du type : absence de ponctualité à un rendez-vous chez un client, non-respect de la charte graphique dans un courrier adressé à un client…

Cet exemple met en lumière la relativité de l'application des valeurs de l'entreprise, voire de certains départements. Le fait de « maintenir son environnement de travail dans un état de rangement impeccable » sera par exemple un principe essentiel pour un service accueil et annexe pour un département publicité. Ainsi, si des principes d'action peuvent concerner uniquement certains départements d'une entreprise, les valeurs s'appliquent en revanche à tous ses collaborateurs. Il pourrait en effet paraître pour le moins incongru que le respect d'autrui, l'esprit d'équipe ou le professionnalisme ne s'appliquent qu'à une partie de l'organisation.

D'où l'importance de s'assurer de leur bonne communication en amont ainsi que de leur respect sur l'ensemble du périmètre concerné, l'idéal étant de les faire définir par les collaborateurs eux-mêmes.

Pour que l'écart soit clair dans la tête du collaborateur, il ne suffit pas que le principe le soit, même si c'est sans doute le point le plus délicat. Encore faut-il aussi que les faits soient indiscutables. À charge pour le manager de les présenter de façon concrète, en restant neutre mais ferme. À lui aussi de les avoir vérifiés personnellement. Peut-on imaginer une présentation des faits commençant par : « J'ai entendu dire que, j'ai le sentiment que… »

Faire rimer exigence et motivation

Quel est le but d'un entretien de réprimande ? Déclencher le changement qui permettra au collaborateur de se remettre en phase avec le référentiel évoqué plus haut. Il s'agit donc de faire vivre une exigence.

Dans quel état d'esprit le collaborateur doit-il quitter cet entretien pour que ce changement soit durable ? Mo-ti-vé ! Oui, un entretien de recadrage est aussi un entretien de motivation !

Comment faire pour concilier exigence et motivation ?

La mise en exergue de l'importance de l'entretien

En effet, l'un des pièges classiques consiste à faire un recadrage doux pour ne pas entamer la motivation du collaborateur ou mettre en danger la relation. Résultat, la réaction du collaborateur est à la hauteur de l'importance donnée à ce recadrage, c'est-à-dire quasi nulle. Comment souligner cette importance ? Par des messages implicites, des méta-messages, tels que le lieu où se déroule l'entretien, le ton officiel adopté, etc. Mais aussi de façon explicite : « Je tiens à vous parler d'un point important. » On peut également formaliser les conclusions de l'entretien par une confirmation écrite voire par un avertissement pour les cas les plus graves ou les récidives.

S'il est essentiel qu'une importance soit conférée à cet entretien, il n'est pas moins essentiel que sa portée soit proportionnelle à la gravité ou à la récurrence de l'écart.

La compréhension de l'intention positive

Dans l'immense majorité des cas, l'échec n'est pas intentionnel, il est dû à un mauvais choix de priorité ou à l'expression excessive d'une qualité personnelle. Cela peut conduire tel collaborateur à se montrer trop rigide ou à se brouiller avec les uns et les autres par souci de garantir une qualité irréprochable ou l'atteinte d'un objectif. À l'inverse, c'est par souci de respecter son prochain, par esprit de tolérance que tel autre ne saura pas dire « non » quand il le faut, ou laissera dériver trop longtemps une situation.

Pourquoi montrer de la compréhension ? Quel danger y a-t-il à ne pas le faire ? Non seulement le collaborateur risque alors d'engager une croisade pour faire valoir son intention, non seulement il se sentira victime du manque de discernement de son manager, mais, de plus, s'il n'obtient pas reconnaissance sur ce point, il est fort probable qu'il radicalise sa position.

À l'inverse, prendre les devants en déclarant : « Je sais que vous accordez beaucoup d'importance à... J'apprécie votre souci pour... » contribuera à couper court à toute tentative de justification et incitera à se focaliser sur la recherche d'une solution permettant de concilier les valeurs du collaborateur et celles de l'entreprise.

Matérialiser l'écart

Pour cela, il faut placer le collaborateur en position de spectateur responsable. Il doit pouvoir à la fois constater l'écart et prendre conscience de la nécessité de le résorber. Ainsi que nous l'avons développé dans la seconde partie de ce chapitre, c'est à ce moment de l'entretien qu'il convient d'une part de rappeler l'objectif, la valeur, le principe, ou encore la responsabilité dont il s'est écarté et d'autre part les faits concrets après les avoir vérifiés.

Construire le plan d'action correctif

Si dans certaines circonstances le seul rappel de la règle à respecter indique le chemin à suivre pour « revenir dans le cadre », nombreux sont les cas de figure où le rappel de la valeur, du principe ou de l'objectif ne résout rien en soi. Certes, cela permet de remettre en perspective le cap à tenir, mais cela n'indique pas concrètement quelle voie doit suivre le collaborateur, quel changement il doit opérer, ni quel effort il lui faut produire. C'est donc à ce moment charnière que le manager change de rôle et revêt son habit de *coach* après avoir endossé tour à tour le maillot de l'arbitre et le costume de l'entraîneur.

Comment à la fois construire un plan d'action pertinent et responsabiliser le collaborateur ? Pris par l'élan de l'exigence, le manager peut commettre l'erreur d'imposer sa vision personnelle des changements à opérer. La pratique de niveau 4 consiste ici à demander au collaborateur de trouver la solution appropriée et à l'aider si nécessaire à concrétiser son plan d'action.

L'attitude « que proposez-vous ? » déjà évoquée dans le chapitre sur la délégation symbolise à la perfection la synthèse recherchée entre exigence et motivation. En effet, comment faire davantage preuve d'exigence si ce n'est en demandant au collaborateur de construire lui-même son plan d'action, sous contrôle de son manager, et comment créer un contexte plus motivant qu'en valorisant sa capacité à élaborer la meilleure solution et en lui apportant l'aide nécessaire pour concrétiser celle-ci ?

La pratique de niveau 3 cherche moins à inclure ou impliquer le collaborateur ; elle demeure toutefois opérante, et consiste à lui suggérer les points sur lesquels il peut s'améliorer. Au niveau 2, la pratique la plus courante consiste essentiellement à imposer les changements à opérer, du seul point de vue du manager, sans aucune analyse conjointe. Quant au niveau 1, l'attitude du manager se borne, pour l'essentiel, à exiger un résultat immédiat, sans autre espèce de préoccupation pour la manière d'y parvenir.

Une démarche d'aide et de progrès

Un entretien de recadrage doit être un entretien d'aide et de progrès (au niveau 4), voire un entretien de résolution de problèmes (au niveau 3). Les entretiens de recadrage de niveaux 2 et 1, qui se limitent à mettre en cause la compétence du collaborateur, voire la personne elle-même, ne débouchent sur rien d'autre que sur les effets pervers évoqués en introduction.

L'entretien de recadrage ne vise pas seulement à pointer une dérive et encore moins à sanctionner. Même si dans les cas les plus graves il peut être assorti d'une sanction, il s'agit de ne pas confondre les genres. La sanction est à l'entretien de recadrage ce que la décision concernant la rémunération est à l'entretien d'évolution : une décision qui doit être communiquée au collaborateur au moment opportun et qui doit interférer le moins possible avec la dynamique des entretiens.

Si nous avons souligné dans ce chapitre les pièges possibles et les comportements à adopter, il est important de garder à l'esprit que le fait de ne rien dire en cas de dérive comporte au moins autant de risques que de le faire avec maladresse. Or, cette attitude est trop souvent observée en entreprise. Un manager qui laisse un collaborateur commettre un écart et n'intervient pas rapidement pour l'aider commet à son tour une faute ; faute que ne manquera pas de lui reprocher son collaborateur – ne serait-ce que pour justifier sa persévérance dans l'erreur – le jour où le manager se décidera enfin à réagir.

Enfin, la notion d'écart évoquée plus haut met en lumière l'importance de clarifier en amont les responsabilités et les objectifs des collaborateurs – ce qui est souvent le cas – mais aussi les valeurs et principes caractérisant la culture d'entreprise – ce qui est moins systématique. La prévention étant souvent préférable à la guérison, cet aspect doit constituer une piste d'action complémentaire pour ne pas dire prioritaire.

En résumé…

- **Niveau 4** Élément déclencheur : un écart par rapport aux valeurs, principes, règles en vigueur dans l'entreprise, responsabilités ou objectifs du collaborateur.

  Élaboration de la solution : le manager demande à son collaborateur de faire des propositions et l'aide à concrétiser son plan d'action.

  Esprit général de l'entretien : un entretien d'aide et de progrès.

- **Niveau 3** Élément déclencheur : un manque de résultats, toute action compromettant la bonne marche du service.

  Élaboration de la solution : le manager suggère à son collaborateur les principales pistes d'amélioration.

  Esprit général de l'entretien : un entretien de résolution d'un problème.

- **Niveau 2** Élément déclencheur : un fait qui engendre pour le manager des conséquences négatives, des problèmes à gérer et des surcroîts de travail.

  Élaboration de la solution : le manager impose les changements à opérer.

  Esprit général de l'entretien : un entretien de mise en cause de la compétence du collaborateur.

- **Niveau 1** Élément déclencheur : quelque chose qui déplaît au manager, qui n'est pas en phase avec ses valeurs personnelles ou tout simplement son humeur du jour.

❑ **Niveau 1** Élaboration de la solution : le manager se limite à exiger de son collaborateur un résultat immédiat.

Esprit général de l'entretien : un entretien de mise en cause de la personne.

Pas facile d'être un manager de niveau 4… Comment vous situez-vous ? Cochez la situation qui semble le mieux vous correspondre et n'hésitez pas à revenir au contenu de ce chapitre pour vous améliorer…

Chapitre 16

La gestion des conflits

La porte s'ouvre de l'intérieur

« La contradiction est la racine de tout mouvement et de toute manifestation vitale. »

Hegel

Bonne nouvelle, le conflit est ouvert !

On s'accorde généralement à considérer le conflit comme un problème grave, à même de mettre en péril l'effort collectif. En creusant un peu, on s'aperçoit pourtant qu'il résulte bien souvent d'un pur malentendu ou d'un simple point de désaccord. Si le conflit est rarement un sujet de délectation pour les uns et les autres, s'il est par nature pénible, éreintant, il porte néanmoins en lui des germes positifs. À la différence de la crise, le conflit a un objet, ce qui permet d'y porter remède. Le conflit est bipolaire, la crise est multipolaire. Le conflit a un centre, la crise, elle, est diffuse. Seul le conflit peut être réellement ouvert, et c'est une bonne nouvelle…

Prenez d'ailleurs votre dernière situation conflictuelle personnelle et réfléchissez un instant : le conflit a-t-il été ouvert ou est-il resté larvé ? S'il a été exprimé, lequel des protagonistes l'a-t-il réellement ouvert ? Vous-même ? Votre interlocuteur ? En général les deux parties en présence pensent l'avoir initié en premier, considérant que la partie adverse fuyait le propos. Toute la sociologie du conflit en atteste : on ne peut résoudre un conflit dont le périmètre n'est pas au moins cerné, à défaut d'être pleinement exprimé. De plus, cela présente un intérêt sur le plan émotionnel : quand le conflit couve, le sentiment de malaise se nidifie ; au moment de son éclatement, le malaise devient extrême ; juste après, le soulagement arrive. Reconnaître le conflit, c'est d'abord et avant tout obtenir un « oui au désaccord » qui permet de passer de l'opposition stérile au dialogue constructif : « Sommes-nous d'accord pour dire que notre désaccord porte sur… ? » Sur quoi d'ailleurs ?

Les trois natures de conflits les plus fréquentes sont :

- le conflit d'intérêts, dont l'exemple typique vient des forces de vente lorsqu'il s'agit de répartir les commissions afférentes à un chiffre d'affaires. La bataille ayant pour nom « À qui appartient ce compte » fait alors rage ;
- le conflit de rôles, qui se traduit par la défense du territoire personnel ou du pré carré. Cette nature conflictuelle est renforcée dans les organisations matricielles où les frontières de la responsabilité sont ténues ;
- le conflit d'opinions ; il porte alors sur les valeurs personnelles, la morale, la politique ou la religion. Souvent, il est paradoxalement le plus difficile à appréhender tout en étant pourtant dépourvu de visées égoïstes.

Le CRI du conflit

C pour « contenu »

Qu'il s'agisse d'un bureau, d'un titre, d'un statut, d'un salaire, d'une frontière, le conflit a un contenu tangible, une matière. C'est la partie visible de l'iceberg. L'enjeu du conflit va souvent au-delà. Une illustration ? L'histoire de ce couple qui se dispute sur la manière de presser le tube à dentifrice ! Si l'un des deux protagonistes cherche à ouvrir un conflit en demandant : « Sommes-nous d'accord pour dire que notre conflit porte sur la manière de presser le tube ? » il est vraisemblable qu'il s'attirerait une vive rebuffade du style : « De toute façon, tu n'en fais toujours qu'à ta tête ! » En entreprise, l'ouverture d'un conflit est souvent contrariée par le spectre des tensions précédentes agité par l'un des protagonistes. Cela peut donner la formulation suivante : « Déjà, l'an dernier, quand nous avons lancé ce nouveau produit, vous n'avez pas fait attention aux conséquences pour notre département. »

R pour « relation »

La relation est principalement menacée par un déficit de confiance ou de respect. Chaque différend nourrit la défiance puis finit par colorer voire définir la nature même de la relation. Les conflits géopolitiques montrent bien à quel point l'absence de confiance entre les deux camps finit par figer les situations. Lors de nos missions d'accompagnement d'équipes en situation de conflit avec le manager, la complainte sonne comme une sentence : « Il nous manque de respect ! » Ou encore : « Je ne lui fais plus confiance. » L'audit d'une grève sur un site de production fit apparaître que le personnel n'avait trouvé que cet ultime recours pour manifester sa désapprobation à l'égard du directeur de site qui ne prenait pas la peine de venir saluer les ouvriers et ne « descendait » dans les ateliers que pour venir régler un problème. Les contenus évoqués n'étaient que des prétextes, le motif véritable concernant la relation.

I pour « identité »

L'identité s'apparente à la couche profonde de lave d'un volcan endormi dont l'écorce craque sous haute tension. Observez quelqu'un en situation de conflit et posez-vous un instant la question de savoir ce qui le menace. La réponse ne tombe jamais bien loin du noyau identitaire. Les questions existentielles développées au chapitre consacré au « filtre » jettent un éclairage sur la manière de réagir des uns et des autres dès lors qu'ils ne peuvent plus satisfaire leurs besoins psychologiques. Pour reprendre l'anecdote du tube de dentifrice, supposons que la dispute vienne à s'envenimer et qu'à un moment l'un des deux protagonistes abatte ses défenses en disant à l'autre : « J'ai peur que tu me quittes. » On imagine la suite du dialogue. La dureté laisserait vraisemblablement la place à la compassion, le conflit s'arrêterait net. Dans un milieu professionnel, un conflit portant par exemple sur un délai non tenu peut mettre à l'épreuve la relation de confiance ; l'escalade vers le conflit stopperait peut-être si le désigné coupable venait à dire : « J'ai peur que vous remettiez en cause mon intégrité. » Nommer ce qui touche notre identité, ce qui la menace est moins un aveu de faiblesse qu'un signe d'authenticité. Cela permet souvent d'échapper à la dynamique négative du conflit. Dans le monde du travail, où il est déjà bien difficile de livrer ses émotions, la possibilité d'exprimer les menaces identitaires perçues est pour le moins réduite ; elles ne peuvent percer qu'au détour d'une attitude agressive ou d'une remarque surprenante.

Militer pour une stratégie de confrontation et de coopération

On peut dégager par un schéma les quatre stratégies et styles majeurs d'intervention face au conflit :

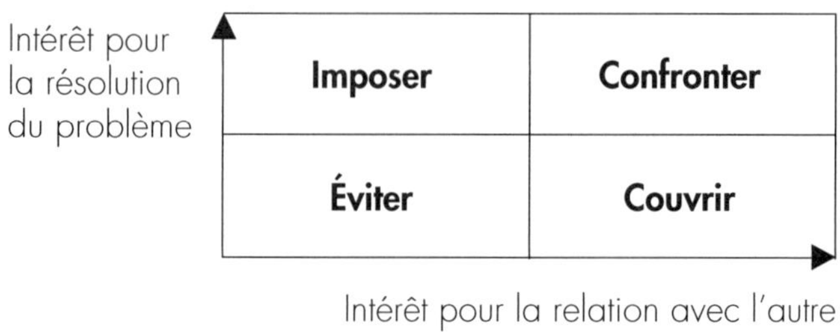

La stratégie d'évitement

Elle peut être nécessaire lorsque le problème est dérisoire, lorsqu'il n'y a aucune possibilité pour changer la situation ou encore lorsque les risques de la confrontation sont plus importants que les bénéfices possibles. Cette stratégie peut s'avérer utile pour se donner du temps et réduire les tensions. Elle s'apparente parfois à la politique de l'autruche et ressemble à de la couardise si elle perdure.

La stratégie de couverture

Elle est nécessaire lorsqu'on veut préserver une relation harmonieuse avec l'autre, lorsque ce dernier est plus important que l'enjeu du conflit ou encore pour se donner du crédit. Couvrir un collègue dans une situation tendue peut s'avérer un choix judicieux, par exemple pour protéger la qualité de la relation avec un autre département.

La stratégie de pouvoir

Elle s'impose lorsque l'urgence prime, lorsqu'il semble trop risqué voire dangereux d'envisager une autre solution. Elle ne doit pas être choisie sous le coup d'une impulsion mais en pesant les conséquences d'une éventuelle rupture relationnelle.

La stratégie de confrontation

L'accord issu de la confrontation est sans doute la solution la plus satisfaisante et la plus durable. En effet, la stratégie de confrontation cherche à préserver la relation tout en s'attaquant de front au problème. Elle ne constitue pas pour autant une panacée ; elle est le meilleur choix possible lorsque les intérêts sont complémentaires ou compatibles, lorsqu'on peut tirer avantage de plusieurs perspectives ou encore pour régler les problèmes interpersonnels.

Le programme « coopération-réciprocité-pardon »

Devons-nous toujours chercher à coopérer, même en situation conflictuelle ? Comment la coopération peut-elle émerger avec des égoïstes ? Ce sont les questions abordées dès 1974 par le philosophe et psychologue Anatol Rapaport, de l'université de Toronto, qui a émis l'idée que la manière la plus « efficace » de se comporter vis-à-vis d'autrui est :

- d'abord la coopération : être le premier à faire l'effort de prendre l'initiative ;
- puis la réciprocité : si la coopération ne suffit pas et que l'autre persiste et « agresse », il est conseillé de répliquer avec le même degré d'agressivité mais en faisant preuve du plus de clarté possible. Cet acte de riposte fut baptisé « *tit for tat* » ;
- enfin le pardon : la capacité à s'arrêter dès que l'autre arrête et de proposer à nouveau la coopération.

Cette théorie fut confirmée en 1979 par le mathématicien Robert Axelrod au terme d'un tournoi entre logiciels autonomes capables de se comporter comme des êtres vivants. Chaque programme déclinait un code comportemental du type « si l'autre est hostile, l'avertir qu'il doit cesser, puis procéder à une punition » ou « coopérer puis trahir par surprise », etc. C'est le programme d'Anatol Rapaport équipé du comportement « coopération-réciprocité-pardon » qui a battu tous les autres.

L'exemplarité s'éprouve souvent dans les situations difficiles, le conflit représente ainsi un excellent terrain d'observation ! Le manager de niveau 4 gère la relation avec une main de fer dans un gant de velours ; il sait adapter son style d'intervention en fonction de la situation quand le dirigeant de niveau 3 restera sur une dominante principale sans trop varier. Le manager de niveau 3 coopère, mais n'utilise que partiellement réciprocité et pardon. Le manager de niveau 4 coopère en confrontant, facilitant à la fois l'accès à une résolution positive sans tomber dans une naïveté excessive. Concrètement, comment opère-t-il pour trouver un accord mutuel ?

Les préalables à l'accord mutuel

Comprendre le point de vue de l'autre

La quittance développée au chapitre « maîtrise de soi » est un comportement indispensable pour apporter de la sérénité au dialogue. Savoir écouter, questionner, comprendre et ressentir la perspective de l'autre est une conduite de niveau 4. Le niveau 1, à l'opposé, se contente d'un monologue où sa propre frustration est répétée sans cesse. Le manager de niveau 4 a intégré dans sa pratique un élément indispensable à la gestion des conflits : la coresponsabilité. Sans pour autant plaider coupable, il s'affiche en totale coresponsabilité de la situation pour mieux l'appréhender et définir la moitié du chemin qu'il lui appartiendra de parcourir. Le manager de niveau 3 recherche les faits et n'établira le constat de responsabilité que sur cette base rationnelle, le niveau 2 serre les coudes pour préserver son intérêt personnel et pour le niveau 1 il n'y a bien entendu qu'un seul coupable : l'autre. Le manager de niveau 4 est un adepte de l'art martial appliqué à la communication, il construit avec l'énergie de l'autre ; le manager de niveau 1 ne recherche que le KO du boxeur.

S'accorder sur le « oui au conflit »

Sans revenir dans le détail sur cet élément qui déclenche la stratégie de confrontation positive et qui a fait l'objet de notre premier paragraphe, il convient de rappeler néanmoins qu'on ne peut pas résoudre un conflit dont la nature et le périmètre ne sont pas reconnus par les parties en présence. Poser la question : « Sommes-nous d'accord pour dire que nous sommes en conflit ? » est une démarche courageuse pour ouvrir le conflit, démarche que l'autre protagoniste cherchera souvent à minimiser : « N'allons pas jusque-là, il s'agit principalement d'un différend entre nous… » Cette question qui oblige l'autre à se positionner permet aussi de remettre la balle au centre et de qualifier la partie qui se joue. Le *nous* inclusif induit aussi la notion de coresponsabilité. Si les managers de niveau 3 et 4 posent sereinement le décor sans animosité, aux niveaux 1 et 2, la question se teinte déjà d'agressivité visant à se dédouaner de toute responsabilité.

Obtenir le « oui à l'engagement »

Comme la résolution du conflit présuppose une contribution des deux parties, mieux vaut garantir dès le début la bonne foi et la bonne volonté à trouver une solution efficace. La question : « Êtes-vous prêt avec moi à tout mettre en œuvre pour trouver une issue ? » permettra de s'assurer que les efforts seront partagés et non pas solitaires. Le « oui » engage les deux protagonistes à élaborer ensemble une solution qui aille au-delà d'un compromis réducteur.

Reconnaître les pouvoirs respectifs

On s'illusionne souvent sur l'étendue de ses propres prérogatives. On les voit au-dessus de ce qu'elles sont. De même, a-t-on du mal à évaluer précisément le pouvoir de notre interlocuteur. Le pouvoir est partout ; il est immanent aux relations sociales. Même quand il semble absent, il est toujours là. Ainsi, par exemple, du salarié récemment licencié, qui conserve son pouvoir de nuisance jusqu'à la fin de son préavis. La reconnaissance de l'étendue des pouvoirs en présence permet de prendre la juste mesure des rapports de force et, par là, d'anticiper et de raison garder. Cela sert en outre à prévenir les abus comme les manipulations possibles. C'est en ce sens que le manager de niveau 4 est exemplaire : il crée la coresponsabilisation des acteurs et remet en perspective l'interdépendance. Celui de niveau 3 sera opérant dans la mesure où il cherche en premier lieu à éviter tout débordement (il n'hésitera pas à mettre en garde son interlocuteur : « Et si j'utilisais mon pouvoir de... j'ai conscience que vous pourriez aussi... »). La logique de l'absurde permet souvent de préserver les intérêts en présence en démontrant que personne ne sort jamais vainqueur d'une guerre de tranchées. Le comportement devient d'autant plus pénalisant au niveau 2 qu'il apparaît défiant (ce que traduisent des amorces de phrases du type : « Vous n'avez pas intérêt à... car... ») voire menaçant (« Je vous préviens que si jamais vous... alors je vous garantis que je... »). Pour ce qui est du manager de niveau 1, on ne découvre ses prérogatives qu'après qu'il en a usées..

Rechercher un terrain d'entente

Le manager de niveau 4 prend généralement grand soin à effectuer ces démarches préalables, toujours dans ce souci constant de créer un contexte favorable avant d'aborder l'action. C'est en cela qu'il se distingue du manager de niveau 3, qui tend à se ruer sur la solution trop rapidement, même s'il la veut résolument consensuelle. La recherche du terrain d'entente devient au niveau 2 la préservation de son territoire et de son intérêt personnel pour devenir une entreprise de minage au niveau 1, auquel cas le manager s'occupe davantage de contrecarrer les plans de son interlocuteur que de trouver une vraie solution au problème.

Et si le conflit doit être arbitré ?

L'arbitre de niveau 1 culpabilise les protagonistes ou prend délibérément parti, sans rechercher à valider les faits. Au niveau 2, le manager précipite sa décision, veut trancher à tout prix, généralement sans associer les personnes concernées. Au niveau 3, il consulte, écoute et décide en privilégiant la fin sur les moyens. Au niveau 4, il aide les collaborateurs à exprimer leur point de vue, délimite le conflit, les laisse faire émerger la solution et décide seulement en dernier recours.

En résumé...

- ❑ **Niveau 4** — Gère conjointement les trois dimensions : le contenu, la relation et la peur que peut éprouver l'autre. Adopte différentes stratégies d'intervention en fonction de la situation. Génère un climat de coopération tout en ripostant et en cadrant si besoin. Rétablit les conditions du dialogue avant de résoudre le conflit.
- ❑ **Niveau 3** — Se centre sur le contenu, accepte la dimension relationnelle du conflit. Développe une stratégie orientée vers le résultat. Privilégie la confrontation sur fond de coopération. A tendance à plonger vers la solution rapidement.
- ❑ **Niveau 2** — Noie le contenu, met en cause la relation. Développe une stratégie pour préserver ses intérêts. Ne coopère que lorsqu'il y est invité par l'autre. Entame la dispute sans forcément chercher de solution.
- ❑ **Niveau 1** — Fait des procès d'intention et profère des menaces. N'a pas de réelle stratégie, fait de la guérilla désordonnée. Profite de la coopération, ne connaît que le rapport de force. Cherche l'enlisement plus que la sortie du conflit.

Pas facile d'être un manager de niveau 4… Comment vous situez-vous ? Cochez la situation qui semble le mieux vous correspondre et n'hésitez pas à revenir au contenu de ce chapitre pour vous améliorer…

CHAPITRE 17

La négociation

Un jeu où tout le monde peut gagner

« L'art de persuader consiste autant en celui d'agréer qu'en celui de convaincre. »

Blaise Pascal

Pouvoir et négociation

Pourquoi négocier quand on a le pouvoir d'imposer ? Pourquoi imposer quand on a la possibilité de négocier ?

Ces deux positions contradictoires, quel manager ne les fait pas siennes tour à tour ? Comment démêler l'écheveau de ce paradoxe ?

Management et négociation n'ont en effet pas toujours été associés aussi étroitement qu'ils le sont aujourd'hui. Certes, un manager est en relation avec un ensemble de personnes à l'égard desquelles il ne peut actionner de levier hiérarchique, et avec qui il n'a d'autre voie que celle de la négociation : autorité de tutelle, actionnaires, clients, partenaires d'affaires, collègues…

Et si au début du siècle dernier, la négociation était quasiment absente de la relation chef-employé, aujourd'hui c'est l'inverse : il n'est pas de relation manager-collaborateur où la négociation soit absente.

Ce rééquilibrage illustre l'évolution de notre société et en particulier une nouvelle répartition des pouvoirs. Qui plus est, il arrive de plus en plus fréquemment que la balance penche en faveur du collaborateur : il suffit d'observer un certain nombre de conflits sociaux dans nos grandes entreprises pour s'en convaincre.

Quelle est donc la nature du lien entre négociation et pouvoir ? Moins j'ai de pouvoir, plus je suis contraint à négocier ? Oui, mais où est la limite ? N'est-ce pas grâce à mon pouvoir que je peux être reconnu comme un partenaire légitime ou inciter mon interlocuteur, si ce n'est le contraindre, à négocier ? Grâce ou à cause de son pouvoir, aucun manager n'échappe à ce paradoxe.

Au-delà de cette opposition apparente se pose une autre question, pour autant que le choix de la négociation ait été fait : *négocier durement ou en douceur* ? En effet, le passage en force présente l'avantage d'un règlement rapide de la situation. Mais décider de ne pas l'utiliser et privilégier la voie de la concertation favorise une plus grande implication de l'autre.

En d'autres termes, deux tendances émergent : une tendance « dure » marquée notamment par l'utilisation du pouvoir et une attitude de « bataille », et une tendance « douce » caractérisée en particulier par la capacité à échanger et à « lâcher prise ».

Nous voyons bien ici que la négociation porte en elle un facteur qui peut mettre en péril son déroulement tout autant qu'il peut le favoriser. Question de dosage…

Un état d'esprit avant tout

Que font nos « managers quatre niveaux » quand ils négocient ? Comment les apprécier sur cet axe clé de leur efficacité relationnelle ?

Là encore, rien de surprenant au fait que l'attitude, l'état d'esprit, l'emportent sur la technique.

En effet, ce point est capital dans la mesure ou il conditionne tous les comportements qui seront mis en œuvre au cours d'une négociation.

Au niveau 4, un manager recherche *a minima* un accord où toutes les parties sortent gagnantes. L'ambition est moins minimaliste qu'il n'y paraît… Combien de managers qui pourtant affichent cette intention sont-ils réellement capables de lâcher prise ou tout simplement de prendre en compte les impératifs de leurs interlocuteurs ?

Au niveau 3 aussi, un manager recherche un accord gagnant-gagnant, mais lui s'en satisfait. C'est son côté « opérant ». Pour celui de niveau 4, il s'agit d'un pis-aller. Il cherche en plus à créer, développer et préserver une relation active, basée sur une confiance mutuelle durable. Cette deuxième dimension de son intention pourra même parfois devenir prépondérante si la situation est appelée à devenir plus tendue. Au niveau 4, un manager préfère préserver la relation et battre en retraite, quitte à y revenir plus tard lorsque les conditions seront plus favorables. Au niveau 3 en revanche, dès lors qu'il sera convaincu que l'accord en vue est gagnant-gagnant, il cherchera à conclure, au risque peut-être d'égratigner la relation.

Au niveau 2 on est déjà loin de ces considérations. Ce qui importe ici, c'est de gagner, d'obtenir ce que l'on veut, ce dont on a besoin ! L'intérêt de l'autre, son bénéfice, est plus qu'accessoire. Cette pratique ne va bien évidemment pas sans poser de sérieux problèmes, sur les plans de la relation et de la pérennité.

Au niveau 1 en revanche, le bénéfice de l'autre a beaucoup d'importance. Il doit être… nul, ou en tout cas le plus faible possible ! En effet, si le niveau 2 ne se soucie guère du profit de son interlocuteur au sortir de la négociation, le niveau 1, lui, met un point d'honneur à le réduire à son plus strict minimum. Le manager de niveau 1 ne peut se considérer gagnant que si l'autre a perdu, ce qui rend évidemment les négociations plus « guerrières » !

Attention tout de même, une solution gagnant-gagnant sur le papier n'est pas nécessairement suffisante pour assurer un sentiment gagnant-gagnant réciproque. Prenons l'exemple de ce collaborateur qui vient d'obtenir une augmentation de salaire sans aucune résistance ni même discussion de la part de son manager. Que peut-il ressentir ? Au-delà de la satisfaction immédiate d'avoir atteint son objectif, il peut regretter de n'avoir pas demandé davantage ou de n'avoir pas effectué sa demande plus tôt.

En d'autres termes, il ne suffit pas d'obtenir ce que l'on souhaitait pour être satisfait. La manière de l'obtenir compte tout autant, si ce n'est plus. « À vaincre sans péril, on triomphe sans gloire ! » nous rappelle Corneille.

C'est pour cette raison, par exemple, qu'il faut savoir donner de la valeur à toute concession faite à l'autre, justement en ne l'accordant pas trop facilement. C'est dans ce type de situation qu'intervient la part de jeu sans laquelle une négociation n'est plus vraiment une négociation. Attention cependant au piège que cela peut constituer, car on peut se laisser prendre au jeu et perdre de vue le rapport gagnant-gagnant. Cet aspect peut rapidement faire descendre une pratique de niveau 3 ou 4 à un niveau 2, voire 1.

Jeu à somme nulle et coopétition

Les jeux à somme nulle désignent des jeux où le total des gains est constant. Les gains de l'un correspondent aux pertes de l'autre. Les échecs, le poker ou encore le jeu « pierre-feuille-ciseaux » sont des exemples de jeux à somme nulle. L'état d'esprit qui les gouverne valorise une compétition acharnée, sans merci.

À l'opposé, la théorie moderne de la négociation (basée sur les stratégies dites « *win-win* ») la considère comme un jeu à somme positive. L'art de la négociation consiste donc moins à faire céder l'interlocuteur qu'à trouver d'autres arrangements qui apporteront beaucoup à l'un sans coûter trop cher à l'autre.

La synthèse des travaux d'Adam Brandenburger de la Harvard Business School en 1996 montre que c'est par la compétition et la coopération que l'on arrive aux meilleurs résultats. Cette synthèse a un nom, la « coopétition ». Dans l'industrie automobile, de nombreux équipementiers sont confrontés à cette situation : coopérer sur le plan technique et se livrer par ailleurs une guerre féroce sur le plan commercial.

L'état d'esprit du négociateur est donc largement dicté par sa lecture de la négociation : jeu à somme nulle, coopétition ou jeu à somme positive ?

Questionner pour ouvrir…

Le questionnement permet d'ouvrir une négociation à plusieurs titres.

Ouvrir le débat

Tout le monde sait que la première chose à faire est de questionner son interlocuteur sur ses besoins, attentes, motivations, contraintes, etc. avant de commencer à argumenter. Cette démarche présente en effet un double intérêt : à la fois établir ou développer la relation, et découvrir des informations précieuses. Pourtant, combien de négociateurs ont intégré ce réflexe, en particulier quand ils sont convaincus que leur argumentaire fera mouche ?

Ouvrir des horizons nouveaux

Le manager qui garantit une pratique de niveau 4 sur ce point questionne pour élargir sa propre réflexion et également en vue d'inciter son interlocuteur à élargir la sienne. Le bénéfice est partagé, et l'attitude ainsi adoptée est le meilleur témoignage d'une volonté de construire une solution gagnant-gagnant.

Exemples : « Pourquoi cela est-il important pour vous… Quelles alternatives avez-vous envisagées… Que feriez-vous si… ? »

Au niveau 3, le manager questionne avant tout pour recueillir les informations lui permettant de comprendre et d'échafauder une proposition et/ou un argumentaire adaptés à la situation.

Exemples : « Quels sont vos besoins, vos objectifs, vos contraintes… ? »

Au niveau 2, tout tourne autour de la confirmation de son point de vue personnel. Les questions sont très ciblées, souvent fermées ; elles ne permettent pas de découvrir mais seulement de valider ou d'invalider un jugement ou un *a priori*. Elles illustrent à elles seules l'absence d'intérêt pour l'interlocuteur, et la volonté de faire passer une solution préétablie.

Le questionnement du manager de niveau 1 n'a pour objectif que d'enfermer l'autre, de l'amener, voire de le contraindre, à se ranger à sa position personnelle. Il n'est bien évidemment pas question de réflexion, de découverte, ni même de confirmation, mais plutôt de manipulation.

L'objection, un signal positif

De même qu'il n'y a pas d'amour sans haine, il n'y a pas de « bonne négociation » sans objections. Que penser en effet du niveau d'intérêt d'un interlocuteur qui n'émettrait aucune objection, aucune crainte, ne poserait aucune question délicate… ? Et par conséquent, que penser des suites possibles ou même de la pérennité d'un accord conclu dans de telles conditions ?

D'un autre côté, devoir traiter objection sur objection peut rapidement devenir un exercice usant, obérant à la longue les chances de succès futures.

C'est grâce à une attitude intérieure positive supérieure à la moyenne que le manager de niveau 4 gère efficacement cette situation. Il sait voir en toute objection, sinon une marque d'intérêt de la part de son interlocuteur, du moins une étape nécessaire et utile dans le processus de négociation.

Cette attitude se traduit au final par une capacité à considérer l'objection comme une pierre sur laquelle construire et non un pavé à contourner ou à retourner à l'envoyeur. Ainsi, non seulement il prend en compte l'objection, montre de la considération pour la motivation de son interlocuteur (l'inquiétude, le doute…), mais en plus il associe ce dernier à la recherche d'une réponse ou d'une solution, qui de fait ne peut être que gagnant-gagnant.

Le manager de niveau 3 privilégie l'argumentation en s'appuyant sur des faits concrets. Davantage orienté vers le résultat que vers la relation, il cherche spontanément à convaincre son interlocuteur, plutôt qu'à élaborer une solution avec lui.

Au niveau 2, le manager ne prend pas en compte l'objection. Il en conteste souvent le bien-fondé et, loin de construire avec son interlocuteur ou d'essayer de le convaincre, il lui impose sa vision des choses, allant parfois jusqu'à nier l'évidence.

Au niveau 1, il n'est même plus question de reconnaître ou d'imposer un point de vue. Si son interlocuteur a une objection, c'est qu'il n'a rien compris, qu'il n'est pas compétent... Le manager de niveau 1 peut ainsi aller jusqu'à remettre en cause son interlocuteur, et parfois violemment.

En cas de négociations à plusieurs, la capacité à identifier ses alliés et à s'appuyer sur eux est déterminante.

Seul le manager qui fait exprimer tous les points de vue et développer les arguments par ses interlocuteurs peut être qualifié de niveau 4.

Là encore, de tels comportements sont rares. Trop souvent, après un « C'est intéressant, cela me plaît... », le réflexe est d'argumenter soi-même, ou bien de passer à autre chose, ou encore de chercher l'objection... La question « Pourquoi cela vous plaît-il ? » semble absente du vocabulaire de nombreux managers.

Paradoxalement ce ne sont pas aux alliés mais aux détracteurs à qui nos managers donnent plus volontiers la parole. Cette attitude est particulièrement marquée dans les cultures techniques, scientifiques, cartésiennes, où l'on passe sous silence les aspects positifs pour s'attarder et s'appesantir sur les difficultés.

Pour conclure ce chapitre, force est de constater que l'on revient toujours au point de départ : l'intention. À ce titre, chaque pratique mise en œuvre constitue un excellent révélateur de la volonté réelle de trouver un accord gagnant-gagnant ou de développer une relation de confiance avec son interlocuteur.

De surcroît, nous ne pouvons conclure sans rappeler le rôle clé de la préparation, en particulier en soulignant la nécessité d'aborder toute négociation en étant « au clair » sur ce que nous voulons, sur les arguments auxquels notre interlocuteur sera sensible, ainsi que sur notre ligne de rupture, la limite à partir de laquelle « on ne joue plus ».

En d'autres termes « négocier avec soi-même » avant une négociation permet d'éviter de devoir le faire pendant.

En résumé…

- ❑ **Niveau 4** Son but est de trouver un accord gagnant-gagnant et d'instaurer une relation de confiance avec ses interlocuteurs. Par ses questions, cherche à enrichir sa propre réflexion et incite ses interlocuteurs à élargir la leur. Face à une objection, la prend en compte en montrant de la considération puis privilégie le questionnement pour bâtir la réponse. Face à plusieurs interlocuteurs, fait exprimer tous les points de vue et s'appuie sur ses alliés, à qui il fait développer les arguments.
- ❑ **Niveau 3** Son but est de trouver un accord gagnant-gagnant. Par ses questions, cherche à recueillir les informations qui lui permettront de comprendre et d'agir en conséquence. Face à une objection, argumente en s'appuyant sur des faits concrets. Face à un groupe, demande certains avis puis développe son argumentation.
- ❑ **Niveau 2** Son but est de gagner, sans se préoccuper de l'intérêt de ses interlocuteurs. Par ses questions, cherche avant tout à confirmer son point de vue personnel. Face à une objection, en conteste le bien-fondé. Face à un groupe, a tendance à se focaliser sur ceux qui ne partagent pas ses avis et à se limiter à contre-argumenter.

❑ **Niveau 1** Son but est de vaincre sur la défaite de ses interlocuteurs ; n'est jamais assez gagnant à son goût. Par ses questions, cherche à enfermer ses interlocuteurs et les amener à se ranger à son opinion. Face à une objection, contre-attaque de manière agressive et remet en cause la pertinence de son interlocuteur. Face à un groupe, monopolise la parole et ignore les positions individuelles.

Pas facile d'être un manager de niveau 4… Comment vous situez-vous ? Cochez la situation qui semble le mieux vous correspondre et n'hésitez pas à revenir au contenu de ce chapitre pour vous améliorer…

CHAPITRE 18

L'action sur la hiérarchie

Être holistique ou ne pas être

« Si vous pensez que vous pouvez, vous pouvez.
Si vous pensez que vous ne pouvez pas, vous avez raison. »
Anonyme

Du sens unique à la voie à double sens

Les relations entre managers et collaborateurs ont considérablement évolué. Elles sont passées de la voie à sens unique à la voie à double sens, du lien hiérarchique basé sur l'autorité à une relation de partenariat plus équilibrée.

La recherche de l'équilibre est une lutte permanente que mènent nombre de managers avec l'ensemble de leur environnement. Un manager est au confluent de nombreuses sollicitations : hiérarchie, collaborateurs, clients et fournisseurs internes ou externes, partenaires divers… Pour ne pas seulement subir, il se doit de développer une action « holistique » – du grec *holos* signifiant « totalité » – à savoir d'équilibrer toutes ces forces qui agissent sur lui en compensant par sa capacité d'anticipation.

N'est-ce pas ce que l'on attend avant tout d'un manager, qu'il anticipe les difficultés et qu'il impulse les changements ?

L'action est préférable à la réaction. Quoi de mieux, pour incarner cet aphorisme, que d'être capable d'influencer sa hiérarchie ? N'est-ce pas le passage obligé pour peser sur les décisions qui dépassent ses propres attributions ? Cela est également vital vis-à-vis de ses collaborateurs. Pour asseoir sa crédibilité et faciliter leur travail, il est souvent nécessaire d'obtenir des moyens supplémentaires.

Agir en partenaire

Tout commence par la perception que le manager a de sa hiérarchie et de son rôle vis-à-vis d'elle. Dans quelle mesure la culture d'entreprise favorise-t-elle la prise d'initiative et la remise en question de l'existant ? Quelle est la « distance hiérarchique » en vigueur dans l'entreprise ? Quel est le niveau d'écoute du responsable hiérarchique lorsque le manager en question ou d'autres lui soumettent des propositions ? Quelle est la qualité des relations entre le manager et son responsable ?

Des réponses que chaque manager apportera à ces questions dépendra sa manière de se positionner à l'égard de sa hiérarchie.

La distance hiérarchique

La notion de « distance hiérarchique » est l'une des cinq dimensions utilisées par Gert Hofstede pour rendre compte des différences culturelles existant entre les pays.

Elle correspond à la distance émotionnelle entre le supérieur hiérarchique et le subordonné. Dans une culture à forte distance hiérarchique, le manager représente « l'autorité » et les échanges sont limités ; dans une culture à faible distance hiérarchique, les échanges sont informels et la compétence prime sur l'autorité.

Dans le monde de l'entreprise…

Faible distance hiérarchique	Forte distance hiérarchique
La décentralisation est la règle	La centralisation est la règle
L'éventail des salaires est resserré	L'éventail des salaires est très large

Les subordonnés s'attendent à être consultés	Les subordonnés s'attendent à être commandés
Le patron idéal est un démocrate capable	Le patron idéal est un autocrate bienveillant ou un paternaliste
Les privilèges et les symboles de prestige sont mal perçus	Les privilèges et les symboles de prestige sont considérés comme normaux
La hiérarchie des organisations illustre une inégalité des rôles, établie par commodité	La hiérarchie des organisations reflète une inégalité existentielle entre le haut et le bas de l'échelle

Et en dehors du monde de l'entreprise…

Faible distance hiérarchique	**Forte distance hiérarchique**
Les parents considèrent leurs enfants comme des égaux et inversement	Les parents apprennent aux enfants à obéir et leurs enfants les traitent avec respect
Les enseignants attendent des initiatives de la part de leurs élèves	Les enseignants prennent toutes les initiatives en classe
Les élèves les considèrent comme des égaux	Les élèves les traitent avec respect

Quelques exemples de pays, sur une échelle de 1 à 100.

Danemark (18), GB et Allemagne (35), États-Unis (40)	Russie (92), Chine et Inde (77), France (68)

Au niveau 4 de notre échelle se trouve le positionnement « partenaire ». Celui-ci se caractérise notamment par trois paramètres : dans quelle mesure le manager anticipe-t-il plutôt qu'il ne réagit, formule-t-il des propositions constructives plutôt que des critiques stériles et se positionne-t-il d'égal à égal plutôt que dans une relation de soumission ?

Prendre l'initiative

L'attitude pro-active du manager de niveau 4 se retrouve notamment dans sa relation avec sa hiérarchie. En tant que partenaire, il se sent concerné par les résultats de l'ensemble de l'entreprise et considère devoir y prendre une part active. Par voie de conséquence, il initie souvent de nouvelles réflexions et propositions y compris au-delà de son seul domaine de responsabilités. La pratique de niveau 3 est un brin plus restrictive, elle se limite au seul domaine d'activité du manager en question. Aux niveaux inférieurs, il se contente de répondre aux demandes formulées par la hiérarchie.

Se montrer constructif

Au même titre qu'elle influence la nature de leur rapport aux événements et aux personnes en général, l'attitude positive des managers de niveaux 3 et 4 caractérise leur relation avec leur hiérarchie. Aussi passent-ils rapidement de la phase d'identification du problème à la phase de recherche de solutions, ce que le manager de niveau 2 a plus de mal à faire sur sa propre initiative. Quant à son homologue du bas de l'échelle, il considère le bureau de son responsable davantage comme un bureau des plaintes que comme un lieu où il peut agir et construire.

Se positionner d'égal à égal

Ni arrogant, ni soumis : le manager doit éviter l'obséquiosité comme l'excès d'assurance. Il doit positionner son « tabouret à piano » (voir le chapitre sur « l'attitude intérieure positive ») au même niveau que celui de son responsable hiérarchique. Cet équilibre se retrouve dans l'art de la communication élevée au niveau 4 : demander un rendez-vous en formulant une exigence sur le temps à consacrer au sujet, aller droit au but dans la présentation des constats et des propositions, ne pas dévaloriser ces dernières en proscrivant les expressions du type « j'ai une *petite* idée, on *pourrait peut-être*... », inciter clairement son manager à se positionner et à faire avancer le projet, etc. Il vaut mieux proposer une alternative qu'une solution unique, et ainsi donner la possibilité au décideur de jouer un rôle plus actif dans la prise de décision ; cela ne dispense pas néanmoins celui qui la présente de l'assortir d'une recommandation argumentée. La formule de l'équilibre réside dans cet alliage.

Être aussi pro qu'avec notre client n° 1

Un entretien avec sa hiérarchie doit être préparé avec autant de professionnalisme qu'un rendez-vous avec un client important. Au-delà des points d'attention classiques dans toute négociation, rappelons quelques incontournables de niveau 4.

Rendre visible notre préparation sécurise et donne *ipso facto* davantage de crédibilité à nos idées.

Les arguments les plus percutants sont ceux du décideur, pas les nôtres : il faut donc le faire parler et privilégier les arguments en relation avec sa sensibilité, son système de valeur.

Toute décision n'est qu'un rapport entre un investissement et un retour sur investissement. Il faut donc clairement faire apparaître les deux de la façon la plus exhaustive et la plus concrète possible (argent, temps, motivation des collaborateurs, image de l'entreprise, cohérence stratégique, opportunité de communiquer, de renforcer la culture d'entreprise...).

De la même manière, l'analyse des conséquences de l'immobilité doit s'accompagner d'exemples concrets et de chiffres.

Proposer un choix entre deux ou trois options plutôt qu'une proposition unique permet de ne pas placer notre interlocuteur dans une impasse et suggère que notre réflexion a été poussée et non limitée à la première idée venue.

Ne pas se limiter aux avantages, mais également mettre en évidence les risques ou les inconvénients est, paradoxalement, de nature à sécuriser notre interlocuteur sur l'exhaustivité de notre analyse.

Pour conclure par une image, on peut affirmer que les managers des différentes strates de l'entreprise sont à celle-ci ce que les mécanismes complexes de perception sensorielle sont au corps humain : ils lui transmettent toutes les informations qui lui permettent de décider pour anticiper et s'adapter. De leur bon fonctionnement dépend la survie de l'organisme.

Charles Darwin disait : « Ce n'est pas l'espèce la plus forte qui survit, ni la plus intelligente, mais bien celle qui s'adapte le mieux aux changements. » Ainsi que le mettent en lumière James C. Collins & Jerry I. Porras dans leur livre *Bâties pour durer,* il en va de même pour les entreprises, et c'est en cela que toute culture d'entreprise, à l'instar de toute espèce vivante, porte en elle les gènes qui conditionnent sa survie. La fluidité de l'action vers la hiérarchie en fait sans doute partie.

En résumé...

❑ **Niveau 4** Adopte un positionnement de « partenaire » fondé sur une relation équilibrée avec sa hiérarchie et l'ensemble de son environnement. Initie de nouvelles réflexions et propositions auprès de sa hiérarchie, y compris au-delà de son domaine de responsabilités. Présente ses propositions sous la forme de plusieurs options analysées et argumentées.

❑ **Niveau 3** Se montre « responsable » et concerné, obtient la confiance de sa hiérarchie et de son environnement. Soumet à sa hiérarchie des propositions sur tout ce qui concerne son domaine de responsabilités. Présente chaque proposition sous forme d'une recommandation argumentée.

❑ **Niveau 2** Se positionne en « subalterne » vis-à-vis de sa hiérarchie, adopte vis-à-vis de son environnement soit une position de soumission soit de domination. Ne fait qu'apporter des réponses à la demande de sa hiérarchie. Se limite à formuler une simple opinion personnelle.

❑ **Niveau 1** Agit en « franc-tireur », entretien une relation erratique avec sa hiérarchie et son environnement. Ne va voir sa hiérarchie que pour se plaindre. Ne fait que rappeler des évidences, avance des idées sans fondements.

Pas facile d'être un manager de niveau 4... Comment vous situez-vous ? Cochez la situation qui semble le mieux vous correspondre et n'hésitez pas à revenir au contenu de ce chapitre pour vous améliorer...

CHAPITRE 19

La créativité

99 % de transpiration, 1 % d'inspiration

« Des chercheurs qui cherchent, on en trouve ; des chercheurs qui trouvent, on en cherche. »

Charles de Gaulle

Une course à handicap dans une partie de « survie »

Le problème de notre ère réside moins dans les failles des marchés que dans l'incapacité des acteurs à innover. Pour reprendre un aphorisme de Mao, « *qui met ses pas dans celui qui le devance ne le dépassera jamais* ». La créativité commande la compétitivité ; elle permet de se démarquer quand la source des innovations précédentes s'est tarie, et ainsi de prendre des situations temporaires de leadership. La capacité à innover est au cœur des succès de l'entreprise. Elle est à l'organisation ce que la pulsation cardiaque est au corps humain. L'enjeu est énorme puisqu'il a pour nom la survie, mais la partie qui s'engage se déroule comme une course à handicap.

Le handicap économique

Devant le poids, l'influence et l'exigence grandissante des actionnaires pour la rentabilité à court terme, le curseur entre exploration et exploitation se déplace vite vers ce dernier. Les résultats ne se mesurent plus à l'année, mais au trimestre. Dans ce contexte centré sur la productivité immédiate, le créatif est regardé d'un œil soupçonneux, parfois comme un génie décalé ou un original sorti de l'univers de la mode, rarement comme un entrepreneur qui entame une démarche audacieuse. Culturellement, l'heure n'est plus aux doux rêveurs improductifs… Nous avons d'ailleurs rebaptisé la créativité en « créaCtivité » pour lutter contre ce filtre négatif et inscrire l'innovation dans la perspective d'un aboutissement tangible.

Le handicap managérial

Le développement de la créativité et de l'initiative sont le fruit du système de management ambiant. L'erreur est-elle sanctionnée ou élevée au grade de nécessaire apprentissage ? Accepte-t-on le gâchis inhérent à la production créative ou chaque idée devient-elle un projet sur lequel on sera jugé ? Les stratégies gagnantes du passé persistent-elles ou la remise en cause collective fait-elle partie des pratiques régulières ? Les procédures installent-elles des routines de travail ou une zone d'autonomie est-elle laissée à l'appréciation de chacun ? Les managers encouragent-ils les séances de créativité ou hochent-ils la tête en lançant d'un air narquois : « Quand retournez-vous travailler ? » Ces questions montrent que la production créative ne peut se dissocier du système de management et des managers eux-mêmes…

Le handicap personnel

Il s'attache pour une bonne part aux modes éducatifs. Dès le XVIIe siècle, Blaise Pascal avait compris que tout est relié de manière invisible, qu'on ne peut comprendre les parties sans appréhender le tout et comprendre le tout sans appréhender chacune des parties. Quoiqu'il fût précurseur de la « pensée circulaire », on préféra se servir du schéma de son contemporain Descartes : décomposer la réalité et chaque problème en autant de parties. Édouard de Bono, un des pontes actuels de la créativité, remonte même au logiciel humain développé par le « gang des trois » : Socrate pour les faits, Aristote pour la logique, Platon pour la vérité. La prédominance des mathématiques dans le monde scolaire et des principes pédagogiques associés incarne ce phénomène à merveille : tous les élèves doivent trouver la « bonne » solution à partir d'un même énoncé exhaustif et objectif. Les problèmes de la vie d'entreprises sont-ils toujours ainsi définis ? Y a-t-il une seule réponse « juste » ? L'ensemble de la démarche analytique et réaliste se veut linéaire et séquentielle sans toujours prendre en compte la situation dans sa globalité.

Les deux hémisphères du cerveau humain

	G	D
5	10 %	90 %
7	90 %	10 %
8	98 %	02 %

Roger Sperry, prix Nobel en 1981, a mis en évidence les différences de fonctionnement de ces deux hémisphères : l'hémisphère gauche, siège de l'activité verbale, des séquences et des méthodes pour traiter les détails – souvent hypertrophié dans les cultures industrielles –, et l'hémisphère droit qui procède par métaphores, analogies, perceptions rapides et non séquentielles – souvent atrophié, sauf chez les artistes. Le graphe ci-contre indique la sollicitation des deux cerveaux en fonction de l'âge des enfants. Que se passe-t-il entre 5 et 7 ans pour inverser à ce point le rapport ? La scolarisation ! Même si les recherches actuelles tendent à montrer que le cerveau fonctionne de manière intégrée plutôt que séparée, la signification de ces chiffres demeure éloquente.

La logique et la méthode rationnelle peuvent innover, bien sûr, mais elles fonctionnent dans un champ horizontal qui atteint ses limites, procède par induction ou par déduction et débouche toujours sur une conclusion. Or, l'idée créative ne se trouve pas au bout d'une longue ligne droite, les chemins pour y arriver sont tortueux, incertains, et elle trouve sa source dans la fantaisie, l'intuition et le subconscient. Édouard de Bono a donné un nom à ces chemins de traverse : « la pensée latérale ». Elle substitue les mots-clés de la pensée rationnelle « pourquoi » et « parce que » par d'autres mots tels que « et si » ou « pourquoi ne pas ». La pensée latérale se fonde sur l'analogie, opère en puisant ailleurs des informations qui se combinent avec la problématique d'origine pour apporter une solution nouvelle, décalée, créative. L'exemple type en est Mercedes et Swatch qui s'associent pour créer la Smart : deux objets ou concepts hier juxtaposés se rapprochent et se superposent aujourd'hui pour créer demain un nouvel objet, un nouveau concept.

Dans le jeu économique fondé sur la création de valeur, l'idée créative n'a elle-même de valeur que si on peut l'expliquer par une certaine logique ; mais ce n'est possible qu'une fois l'idée trouvée. La résolution d'un problème finit toujours par être rationnelle, la manière d'y arriver ne l'est pas. Au final, comme nous le verrons pour certaines techniques créatives, logique et créativité se complètent comme un moteur à deux temps, elles alternent et s'alimentent mutuellement jusqu'à former un cercle vertueux. La nécessité même de l'innovaCtion finit par mixer les deux. Quelles techniques permettent donc d'y parvenir ?

Le triangle de la créaCtivité

Un associé de Walt Disney disait de ce dernier : « Il y avait en fait trois différents Walt : le rêveur, le réalisateur et le critique. Vous ne saviez jamais lequel des trois venait à votre réunion. » Pour toutes les raisons évoquées au paragraphe précédent, ces trois rôles furent modélisés pour donner naissance à ce que nous appelons le « triangle de la créativité ». Il s'agit d'un processus qui structure l'acte créatif en l'inscrivant dans un cycle et en luttant ainsi contre une tendance naturelle de l'être humain : quelqu'un n'a pas plus tôt lancé : « J'ai pensé qu'on pourrait… » que son voisin rétorque : « Comment va-t-on le réaliser ? » avant qu'un troisième larron vienne définitivement enterrer l'idée initiale par un définitif « Ça ne marchera jamais. » En trente secondes, les trois rôles se sont joués confusément dans une partition inorganisée pour au final étouffer le bébé dans l'œuf. Comment jouer pleinement chacun d'entre eux pour permettre à l'idée de cheminer et d'aboutir ?

J'ai fait un rêve qu'un jour… (le rêveur)

Le rôle du rêveur est de répondre au « Quoi ? » Ce premier temps a pour objectif de laisser vagabonder la pensée, sans aucune censure, qu'elle soit d'ordre pratique ou politique, pour générer des idées nouvelles. Juste rêver. Permettre une imagination sauvage, qui se promène au rythme du « et si », combiner de manière aléatoire des pensées jusqu'alors jamais juxtaposées, jouer à l'explorateur pour défricher une forêt encore vierge et laisser l'artiste rabibocher tous les morceaux entre eux. Puiser dans son cerveau droit pour donner les contours d'une image visuelle globale avec le moins de mots possible ; comme si dans une dégustation de vin l'impression du premier nez, la sensation des papilles et de ce qui reste en bouche suffisaient à se former une image de ce vin. La magie de l'idée doit d'abord voyager masquée. « *If you can dream it, you can do it* » (« si vous en rêvez, c'est que vous pouvez le faire ») disait Walt Disney. Comment passer dès lors du rêve à la réalité ?

… Un rêve certes, mais concrètement… (le réalisateur)

Le rôle du réalisateur est précisément de répondre à la question « Comment ? » Il s'agit de donner vie à l'idée, de se frayer un chemin pour la traduire de manière opérationnelle. De réconcilier la pensée floue et le pragmatisme. Autant il est possible d'imaginer à l'étape précédente des réunions dans un décor propice au rêve (canapés, chaises en cercle, assis par terre…) autant il convient d'opérer le retour au réel par des salles de réunion plus classiques. Le but de cette étape est de produire un plan d'action concret, de telle sorte à ce qu'il soit possible de donner vie au projet.

… Et peut-on l'envisager différemment ? (le critique)

Le rôle du critique consiste à taquiner le projet, à le remettre en cause par des sempiternels « Pourquoi ? » Chacun peut d'ailleurs avoir sa propre valeur ajoutée dans le triangle de la créaCtivité : certains se retrouvent face à la page blanche, d'autres réalisent, les derniers élèvent la critique au rang d'une qualité, d'un aiguillon qui fait avancer l'œuvre. Mieux vaut d'ailleurs y adjoindre ceux qui pourraient être ultérieurement des critiques négatifs.

Ces trois phases se succèdent, s'enchaînent dans un cycle permettant à l'idée de cheminer jusqu'à son terme, et, pour cela, d'isoler les temps et les rôles. De manière similaire, Édouard de Bono traduit ces soupapes d'étanchéité par un concept équivalent en auscultant l'idée de départ sous six chapeaux de couleur différente : le vert (pour faire l'état des lieux), le rouge (pour l'intuition), le noir (pour isoler la réflexion sur les dangers potentiels), le jaune (pour renforcer la valeur et les bénéfices), le gris (pour cultiver les alternatives) et le bleu (pour le contrôle). Quel que soit le processus utilisé, la réflexion demeure : pour être cré-actif, il faut désarticuler les temps et les rôles.

Les techniques pour muscler le cerveau droit

Toutes les techniques qui existent ont un dénominateur commun : rompre les barrières, sortir du cadre des schémas créées par nos habitudes, retrouver le regard innocent de l'enfant spontané. La recette du rêve n'existe pas, mais on sait que sa stimulation est possible. Il y a des facteurs « créatogènes » mais aussi des facteurs « créaticides » ! Pour caricaturer les ingrédients défavorables, une séance de créativité organisée dans une salle carrée faisant suite à un marathon d'analyses chiffrées handicape davantage qu'elle ne sollicite les idées neuves. Missionnez de plus quelqu'un chargé au moment du rêve d'utiliser une série de phrases « tueuses d'idées » (Il faut rester réaliste, On ne l'avait pas prévu dans le budget, C'est techniquement impossible, Ça a déjà été fait, Ce n'est pas la priorité, Ça ne marchera pas, Ça prendra un temps fou, C'est très bien en théorie…), et le résultat démontrant avec cynisme que la créativité ne mène décidément à rien est garanti. À l'inverse, une réunion au vert, un rythme en rupture avec le quotidien, un « échauffement cerveau droit » par du jeu ou des analogies créent un terreau propice. Il suffit parfois de représenter simplement un problème par un dessin puis d'appliquer le triangle de la créaCtivité pour trouver une solution au dessin avant de revenir à la réalité. Par là, on peut trouver un nouvel angle de réflexion, une idée originale.

Cher lecteur, une pause en forme d'exercice :

> Un moine part un matin à l'aube et arrive à son monastère au sommet de la montagne le soir. Il y reste deux jours pour prier.
>
> Le troisième jour il repart également à l'aube et arrive en bas vers midi.
>
> Prouvez qu'à deux jours d'intervalle il passe à la même heure au même endroit.
>
> Essayez d'abord de l'expliciter et résoudre ce problème avec votre cerveau gauche…
>
> Vous donnez votre langue au chat ?
>
> Puisez maintenant dans votre cerveau droit et prenez l'analogie de deux ascenseurs qui se croisent comme s'il y avait deux moines qui faisaient le trajet opposé le même jour :
>
> *où* **moment**
>
> *ils* **un**
>
> **bien**
>
> **a** *vont*
>
> **y** *se*
>
> **Il** *croiser*

Une autre technique pour être en rupture avec la pensée linéaire et introduire une pensée circulaire consiste à s'appuyer sur l'association à un mot sous forme de carte mentale (le célèbre *mind mapping* de Buzan). Prenez un mot et associez une trentaine d'idées sous forme de pétales.

On peut aussi réactiver le cerveau en utilisant par exemple des « cartes eurêka » pour reprendre l'outil utilisé par Hubert Jaoui dans ses marathons créatifs, ce qui consiste à tirer au hasard un dessin suggestif puis réinterpréter le problème à travers la carte proposée. Les incontournables techniques de *brainstorming* introduites par Osborn dans les années 60 utilisant l'association des idées et leur fer-

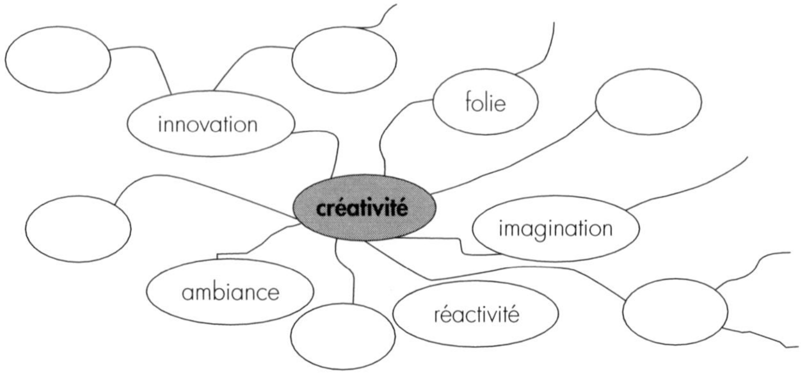

tilisation selon la théorie de bisociation[1] chère à Alfred Koestler ne sont pas non plus à négliger. Une autre méthode prisée consiste à faire intervenir des « candides », c'est-à-dire des profanes qui, par leurs questionnements et leurs idées naïves, en dehors du cadre dessiné par les spécialistes, vont faire émerger des solutions ou des problèmes auparavant invisibles.

Bref, il n'y a pas de pannes d'outils, la créativité se stimule à défaut de pouvoir s'acquérir. Comme une échelle permet d'accéder à des endroits inaccessibles, les outils de la créativité et leur bon usage aident chacun à accéder à des zones qui existent mais qu'il faut retrouver, faire émerger…

Le profil du CréaCtor de choc

Sommes-nous tous des Michel-Ange, comme l'affirme Tom Peters ? Fondamentalement, tout individu dont le cerveau droit n'a pas été atrophié ou mutilé a accès à sa créativité. On ne peut nier pour autant le talent personnel et l'extraordinaire capacité d'un Léonard de Vinci ou d'un Mozart pour la chose créative.

À défaut d'avoir un génie à louer, qu'est-ce qui caractérise nos chers managers de niveau 4 ?

1. Terme introduit par A. Koestler dans *The Act of Creation* pour définir la conjonction de cadres perceptifs jusqu'alors étrangers l'un à l'autre, ou de deux univers du discours jusque-là antinomiques.

Sans doute leur capacité à être avant tout « possibilistes », à ne pas se brider dès le départ. À la question : « Est-ce que tu joues du violon ? » le manager de niveau 4 serait tenté de répondre : « Je ne sais pas, je n'ai jamais essayé ! »

Mais avant d'être créaCtor de choc, il est d'abord déconstructeur de choc ! Il fait même preuve de « destruction créatrice », ayant naturellement intégré l'affirmation de Picasso selon laquelle « tout acte de création est avant tout un acte de destruction ». Il est capable d'abandonner les structures acquises, de les remettre en cause pour en construire de nouvelles car il sait que les créatifs d'hier sont les conservateurs d'aujourd'hui (et réciproquement). Il sait questionner par la négative, tourner le problème à l'envers pour rechercher de nouveaux angles de réflexion. Par exemple, au lieu de penser à « Comment donner envie aux gens d'acheter ce produit » il va réfléchir en terme de « Ce qui pourrait ne pas leur donner envie d'acheter. » Il milite pour la pensée floue tout en n'y restant pas arrimé, il a conscience que la créativité procède de l'alchimie et sait s'en donner le temps tout en étant impatient de réaliser. Il sait à la fois être patient et ardent. La condition préalable à sa créaCtivité réside dans son insatisfaction permanente face au *statu quo*. Lorsqu'il conduit une réflexion créative, il ne fait pas la chasse au gaspi des idées, et a, par nature, tendance à voir plusieurs solutions à chaque problème.

La créativité est un bon sujet pour distinguer nettement les pratiques de niveau 3 de celles de niveau 4. Le manager de niveau 3 va consciencieusement appliquer des techniques, comme par exemple le triangle de la créaCtivité décrit plus tôt, mais il aura du mal à s'émanciper de ce cadre et à faire preuve d'originalité. Quand le manager de niveau 4 anticipe, celui de niveau 3 tend à utiliser la créativité pour résoudre des problèmes immédiats.

Le créatif de niveau 2 reste prisonnier du cadre, ne fait rien pour favoriser l'émergence d'idées nouvelles, ou recherche le succès facile sans y mettre la passion de la recherche. Au niveau 1, on oscille entre l'insanité et le terrorisme : soit il se contente de reproduire tout en se déclarant créatif, soit il devient toxique par des remarques acerbes ou désabusées qui tuent littéralement la créativité.

En résumé…

❑ **Niveau 4** « Sort du cadre » : imagine, innove, crée. Anticipe et incite en permanence ses collaborateurs à innover. Cherche à déconstruire avant de reconstruire. Alterne pensée fluide, originale, iconoclaste puis pensée efficace, pragmatique et réaliste.

❑ **Niveau 3** Produit de nouvelles solutions en faisant évoluer l'existant. Réagit et invite à la créativité pour résoudre des problèmes immédiats. Cherche à construire immédiatement. Se montre appliqué dans le processus divergent, conformiste pour faire converger les idées.

❑ **Niveau 2** Reste dans le cadre, ne fait qu'arranger l'existant. Ne fait rien de particulier pour la susciter. Veut de suite l'idée magique sans chercher. Se précipite sur les pensées, fait accoucher d'une idée non aboutie.

❑ **Niveau 1** Se contente de reproduire. Tue tout esprit de créativité par ses critiques cinglantes. Confond déconstruction créative et destruction gratuite. Confond pensée divergente et réflexion chaotique, pensée convergente et sclérose du passé.

Pas facile d'être un manager de niveau 4… Comment vous situez-vous ? Cochez la situation qui semble le mieux vous correspondre et n'hésitez pas à revenir au contenu de ce chapitre pour vous améliorer…

CHAPITRE 20

Les réunions

La réussite au pluriel

« Se réunir est un début ; rester ensemble
est un progrès ; travailler ensemble
est la réussite. »

Henry Ford

Les réunions, un cas à part…

Un sujet particulier, atypique, que celui des réunions ! En effet, ce chapitre doit sa spécificité uniquement au nombre de personnes impliquées, à la différence des autres situations traitées qui, elles, sont caractéristiques par leur objectif et leur contenu.

Ainsi, toutes les pratiques traitées dans les chapitres précédents sont susceptibles de s'appliquer ici, selon l'objectif et le contenu de la réunion concernée.

Nous pouvons distinguer quatre types de réunion :

- les réunions dites de *bilan* où il s'agit d'analyser les résultats d'une période, de piloter un projet et de décider des actions correctives. L'attitude générale est celle évoquée au chapitre sur l'évaluation ;

- les réunions dites de *prise de décision* (*cf.* chapitre « décision ») où il s'agit de faciliter l'expression des différents points de vue et les échanges pour parvenir à une position commune qui tende vers le consensus ;
- les réunions dites de *créativité* pour lesquelles il sera recommandé de respecter les étapes du triangle de la créaCtivité (*cf.* chapitre dédié au sujet) et les techniques de *brainstorming* ;
- les réunions dites d'*information* où celui qui véhicule « la bonne parole » doit capter l'attention.

Les trois principales critiques formulées par les managers à l'égard des réunions sont les suivantes : elles consomment trop de temps, trop souvent elles ne débouchent sur rien de concret et elles ne contribuent que trop peu à mobiliser les troupes, quand ce n'est pas le contraire qui se produit, faute de n'avoir su répondre à l'attente suscitée.

L'expression qui symbolise le mieux ce problème est sans doute le cinglant « On retourne travailler ! » qui les conclue.

Comment rendre ces réunions efficaces ?

Deux éléments formels permettent de faire la différence : le niveau de formalisation de ces réunions et l'impact de l'animateur.

Des exigences incontournables

Un objectif concret

Quelles que soient la réunion, la tâche à accomplir, la première condition du succès réside dans la clarté du but. Tout le monde est en général d'accord sur ce principe, mais qu'en est-il dans les faits ? Qui peut affirmer que les objectifs des réunions auxquelles il participe sont toujours clairs dans sa tête ? Ils peuvent bien l'être dans celle du manager, mais le sont-ils pour tous les participants ?

De plus, le fait de se poser la question en amont présente de nombreux avantages.

Se poser des questions du type « Quel résultat doit être atteint ? Comment saurons-nous que nous l'avons atteint ? » oblige aussi à s'interroger sur la pertinence de la réunion. Une bonne réunion, c'est avoir une bonne raison de parler du bon sujet, au bon moment, avec les bonnes personnes. La pratique de niveau 4 passe nécessairement par cet auto-questionnement. Elle valide la pertinence de la réunion, en envisageant par exemple des solutions alternatives plus adaptées ou moins chronophages (entretiens individuels avec les personnes concernées, e-mail lorsqu'il s'agit uniquement de faire passer une information...). Mais elle permet également d'ajuster le nombre de participants en fonction de l'ordre du jour plutôt que d'imposer à certains le traitement de sujets qui ne les concernent pas.

Une véritable préparation écrite

Là encore, ce n'est pas un *scoop* ; une réunion préparée dure moins longtemps, elle permet d'aboutir à des résultats plus concrets. Chacun y écoute les autres au lieu de se préparer pendant qu'ils expriment leurs idées, l'énergie est davantage consacrée à la recherche de solutions qu'au développement du problème, on peut recueillir réellement le fond de la pensée de chacun... En bref, tant de bénéfices, déjà évoqués au chapitre consacré à la préparation, qu'il est toujours aussi surprenant de constater son absence chronique.

Comment obtenir cette préparation ? Tout d'abord en la demandant ! Combien de réunions sont précédées par l'envoi d'un ordre du jour faisant clairement apparaître entre autres, l'objectif concret et la préparation *écrite*, attendue de chacun, qui doit en découler ? Là encore, toute une palette de pratiques fait la différence entre le niveau 4 où ces éléments sont clairement exprimés et le niveau 1 où chacun découvre le sujet pendant la réunion.

De plus, lorsque cette pratique n'est pas une habitude, il ne suffit pas d'appliquer une fois ce principe pour que la nouvelle « bonne habitude » soit prise. Il faudra sans doute le répéter, recadrer les participants qui ne le respectent pas, sans oublier soi-même d'être exemplaire tant sur la clarté des informations préalables que sur sa préparation personnelle. Là encore une exclusivité de la pratique de niveau 4.

Une condition complémentaire pour le succès de ce dispositif : envoyer l'ordre du jour suffisamment à l'avance (il ne sert à rien de donner du sens et de motiver si le temps de préparation n'est pas suffisant).

Pour finir, un ordre du jour est d'autant plus motivant qu'il est en prise directe avec la valeur ajoutée ou les besoins des participants ; en d'autres termes, que l'élaboration de celui-ci a été effectuée après consultation de ces derniers. Cette implication anticipe par ailleurs les risques de dérapage qui caractérisent certaines réunions où chacun apporte avec lui son propre « morceau d'ordre du jour », qu'il essaye de glisser à la première occasion venue ou au moment d'aborder la rubrique « fourre-tout » des *points divers*.

Un relevé de décision immédiat

Combien de réunions se terminent par un protocole immédiat, un relevé de décisions faisant apparaître de façon synthétique : quoi-qui-quand ? Quelles décisions ont été prises, qui doit les mettre en œuvre et pour quand ? Entre la pratique de niveau 4 qui garantit cette production et la pratique de niveau 1 où chacun doit imaginer si une action est requise ou non, il existe là encore des nuances dans les manières de procéder.

Pourquoi est-ce si important et si rare à la fois ? Là encore réside un paradoxe. Ce protocole immédiat permet à chacun d'avoir une vision claire et non sujette à interprétation, des actions qu'il doit entreprendre ; l'action peut être déclenchée immédiatement sans attendre la diffusion du compte-rendu et le manager dispose d'un outil de suivi simple et opérationnel. Mais le point le plus important réside sans doute dans le fait que l'utilisation d'un tel outil pousse à la concrétisation, oblige les participants à aller au-delà du bien connu « On fait comme on a dit » en répondant aux questions « Qui fait quoi et quand ? » Ainsi, ce qui permet de faire la différence, c'est l'*attitude de concrétisation*, la capacité du manager à faire aboutir une discussion, à recentrer sur le concret, à transformer l'essai en faisant accoucher de la décision, attitude encore une fois apanage du niveau 4.

La discipline de l'horloge

La durée trop longue des réunions figure dans le top 3 des problèmes constatés. Ce défaut peut se décomposer.

L'heure de démarrage tout d'abord. À cause de qui une réunion ne débute-t-elle pas à l'heure ? Sans doute pas à cause des retardataires !

À cause de celui qui la dirige ! En effet, ne pas attendre tous les participants pour débuter la réunion est parfois la seule façon de faire vivre dans la durée le principe de ponctualité. Mettons-nous quelques instants à la place des participants à l'heure, combien de temps ferons-nous encore l'effort d'être à l'heure si l'on attend les retardataires à chaque fois ? Et inversement pour les retardataires : pourquoi faire l'effort d'être à l'heure dans ce cas ?

Il en va de même pour l'heure de fin. La pratique de niveau 4 consiste à avoir la même exigence vis-à-vis de soi (l'heure de fin) que vis-à-vis des autres (l'heure de début). Et la mise en pratique des points évoqués tout au long de ce chapitre en facilite grandement la possibilité.

L'enjeu de la ponctualité n'est pas qu'un simple respect de la « politesse des rois » ; elle est avant tout la marque d'une intention collective forte, d'un sentiment de fluidité, de sérénité (une réunion ne consiste pas à courir un marathon), d'un espace maîtrisé dans un monde agité.

La prise de parole : la fin justifie les moyens

Si le contenu et le niveau de formalisation de la réunion, tels qu'évoqués ci-dessus, jouent un rôle indéniable sur l'efficacité et la qualité de la production pendant la réunion, l'impact de l'animateur va, lui, à la fois agir dans ce cadre et le dépasser. En effet, ce dernier contribue à créer, entretenir, augmenter ou… anéantir la mobilisation des participants pendant et au-delà de la réunion, selon que l'animateur maîtrise l'art de susciter l'intérêt, d'illustrer son propos par des images percutantes, de faire participer, de gérer les perturbations…

Réussir sur ce point nécessite de savoir combiner communications verbale et non verbale, ou encore message et méta-message (*cf.* chapitre dédié). Le message ne représente qu'une partie minoritaire de la communication entre un émetteur et un récepteur. C'est la partie visible de l'iceberg : en moyenne, les mots comptent pour 7 % de l'impact d'une présentation, le ton pour 38 % et la communication non verbale pour 55 %. À quelques *lapsus linguae* près, nous sommes conscients de ce que nous disons (les mots), et c'est en général sur eux que portent les efforts de préparation. En revanche le niveau de conscience vis-à-vis du ton de notre voix et de notre communication non verbale est en général faible.

Au-delà du contenu proprement-dit, quels sont les principaux éléments de forme qui peuvent rendre ce message efficace notamment lors des réunions dites d'information ?

Le silence

Situé à la frontière du verbal et du non verbal, le silence est un élément essentiel du discours. Il permet à l'animateur de respirer, tout autant qu'à l'auditoire, d'obtenir l'attention avant de débuter, de la faire revenir en cas de perturbation, de prendre le temps de la réflexion plutôt que de se précipiter dans une réponse hasardeuse, de laisser le temps aux participants d'intégrer le message.

Il doit donc trouver une large place dans la communication de l'animateur, tels les « soupirs » sur une partition, qui donnent toute leur force aux notes de musique.

Les questions ouvertes

Qu'elles soient rhétoriques – c'est celui qui pose la question qui y répond – ou qu'elles soient adressées aux participants, les questions ouvertes ont pour effet de faire prendre aux participants une part active à la réflexion et aux débats. Elles contribuent en outre à obtenir leur attention, à susciter leur intérêt, à déclencher leur réflexion, ainsi qu'à diriger et à dynamiser les interventions.

Très souvent sous-utilisées, ces dernières constituent un levier extraordinaire en terme d'impact.

Utilisées notamment en début d'intervention, elles remplacent avantageusement le trop classique « Je vais vous présenter... », en interpellant mentalement les participants et en les plongeant ainsi directement dans le vif du sujet.

Parsemées en cours d'intervention, elles permettent de dynamiser le discours, et sont particulièrement utiles dans ce cadre à ceux qui ont tendance à adopter un ton monocorde.

Une image = 10 000 mots !

« Un mauvais schéma vaut mieux qu'un bon discours. » disait Napoléon.

Quelles sont les informations dont nous nous souvenons le mieux, celles qui nous impressionnent le plus ? Raconter une histoire, prendre un exemple, citer un auteur, se référer à un chiffre, faire une analogie, utiliser un visuel, etc. permet de gagner en temps et en impact ! Quelle que soit la nature de l'image, qu'elle soit visuelle ou verbale, celle-ci sollicite notre « cerveau droit », et si elle est pertinente, s'impose comme une évidence beaucoup plus difficile à établir côté « cerveau gauche » par une démonstration analytique.

Si la pratique de niveau 4 excelle dans la maîtrise des images sous toutes leurs formes, celle de niveau 3 privilégie les données factuelles, les chiffres. Au niveau 2, pas d'images, un discours abstrait. Quant au niveau 1, les images utilisées sont en général inappropriées.

Je + Vous = Nous

« Vous savez que… Je vous rappelle que… » n'ont pas la même portée que « Nous savons tous que… »

L'utilisation du « je » et du « vous » accroît la distance entre l'animateur et l'auditoire. Le « nous » la réduit. Pas étonnant dès lors que la pratique du « nous » soit plutôt de niveau 4, voire 3, que de niveau 1 ou 2.

Au-delà de ces éléments de forme, de ces modes d'expression qui sont à la frontière du message et du méta-message, se trouvent des éléments d'« attitude », de communication non verbale pure, que l'on trouve dans la partie cachée de l'iceberg.

Parmi eux, citons les plus importants : *le ton* plus ou moins enthousiaste, *le contact visuel* avec l'auditoire, *le sourire* et *les gestes*. Des points qui nécessitent un travail d'entraînement particulier d'une part et qui résultent d'autre part du niveau de préparation de l'animateur par rapport au sujet.

Une fois encore, la clé du succès qui mérite d'être soulignée en conclusion reste et demeure inlassablement *la préparation*.

En résumé…

- ❑ **Niveau 4** Information donnée avant une réunion : un ordre du jour avec objet, thèmes, but concret et demande de préparation par écrit. Illustre ses propos par des exemples personnalisés ou analogies mémorisables. Face à un auditoire difficile, marque une pause jusqu'au retour au calme. Formalisation des décisions prises : chacun reçoit à la fin de la réunion un protocole écrit : qui fait quoi et quand ?
- ❑ **Niveau 3** Information donnée avant une réunion : un ordre du jour avec thèmes et incitation à réfléchir au sujet. Illustre ses propos par des données factuelles. Face à un auditoire difficile, poursuit imperturbablement. Formalisation des décisions prises : chacun reçoit un compte rendu écrit dans la semaine qui suit.
- ❑ **Niveau 2** Information donnée avant une réunion : pas d'ordre du jour formalisé, juste une vague idée du sujet. N'illustre pas ses propos, reste abstrait. Face à un auditoire difficile, interrompt et exige le silence. Formalisation des décisions prises : chacun doit noter les décisions qui le concernent, quand il y en a.

❑ **Niveau 1** Information donnée avant une réunion : aucune, chacun découvre le sujet pendant la réunion. Illustre ses propos par des exemples inappropriés. Face à un auditoire difficile, coupe court et agresse en retour. Formalisation des décisions prises : chacun doit imaginer si une action est requise ou non.

Pas facile d'être un manager de niveau 4… Comment vous situez-vous ? Cochez la situation qui semble le mieux vous correspondre et n'hésitez pas à revenir au contenu de ce chapitre pour vous améliorer…

Conclusion

Votre évaluation personnelle

Quel manager êtes-vous ? Quels sont les points sur lesquels vous pouvez vous améliorer ? Nous vous invitons à conclure votre lecture de façon dynamique en reportant vos réponses figurant à la fin de chaque chapitre dans le tableau de synthèse.

Page	Pratiques	1	2	3	4
15	La conscience de son filtre				
27	L'attitude intérieure positive				
36	La préparation				
44	L'écoute active				
56	La maîtrise de soi				
65	Le méta-message				
78	La fixation des objectifs				
90	La décision				
102	La conduite du changement				
113	La délégation				
123	L'évaluation				
131	Le contrôle				
142	La félicitation				

150	Le *feed-back*				
159	Le recadrage				
169	La gestion des conflits				
178	La négociation				
187	L'action sur la hiérarchie				
198	La créativité				
206	Les réunions				

Après vous être auto-positionné, nous vous invitons également à reprendre la description initiale des quatre niveaux, celle qui figure dans le chapitre introductif pour bien appréhender ce que recouvre chacun de ces comportements.

Vous disposez ainsi d'une première approche de votre pratique en matière de communication et de management.

Cette auto-évaluation est bien souvent la première étape des processus 360° qui fleurissent de plus en plus dans les entreprises. Ces évaluations « *on the job* » (sur le lieu de travail) peuvent également être complétées par des dispositifs « *off the job* » (en dehors) du type *assessment centers* ou des démarches plus psychologiques comme les profils de personnalités.

Ce qui compte, c'est moins la photographie qui en découle que l'utilisation qui en est faite par l'intéressé. La capacité de remise en cause est source de tout progrès… à condition d'être alimentée par des données pertinentes.

Un dernier mot

Nous espérons, au terme de ce parcours, que chacun aura trouvé un angle d'approche qui l'aidera à s'améliorer, que ce soit en étalonnant ses comportements sur l'« échelle 4-niveaux », en repérant quelques bonnes pratiques efficaces ou en ouvrant la réflexion sur d'autres champs.

Ce livre a été conçu sur le principe de la décomposition de la compétence managériale en différentes pratiques, elles-mêmes liées à des situations de communication et de management.

Nous ne voudrions pas pour autant réduire le management à une succession de situations car, au final, la qualité managériale s'apprécie dans une cohérence d'ensemble. Ainsi, le « manager de niveau 4 » n'est pas la somme arithmétique de pratiques de niveau 4.

Il convient donc en conclusion de rassembler les pièces du puzzle afin d'envisager le résultat global, comme un tableau dont on apprécie l'harmonie.

Chacun acceptera que derrière chaque leader et chaque dirigeant se cache un homme ou une femme que l'on respecte voire que l'on admire aussi pour ses aspérités et sa signature personnelle. Loin de nous l'idée de créer *ex nihilo* l'image d'un manager des temps modernes, sorte de chevalier sans peur et sans reproches.

Le supplément d'âme du manager de niveau 4 se caractérise aussi par sa capacité à faire face humainement à ses propres limites et à tout simplement vivre authentiquement, et à faire sienne cette formule de Paul Valéry :

> « Je me suis adoré,
> Je me suis détesté,
> Puis nous avons fini par vieillir ensemble. »

Remerciements

Si cette page nous a souvent semblée superflue pour les livres dont nous étions les lecteurs, elle nous paraît incontournable pour honorer ceux qui ont contribué à notre travail d'auteur.

Nous tenons tout d'abord à y associer Gérard Fransès, ami et complice de toutes les avancées réalisées depuis une dizaine d'années au sein de l'équipe de R&D de Krauthammer international. Sa rigueur intellectuelle, sa manière unique de ciseler les mots et de rendre une idée élégante méritent une mention toute particulière. Il est le troisième auteur virtuel de cet ouvrage.

Nous voudrions aussi rendre hommage à Daniel Kluger qui a été le premier à ouvrir les voies de la recherche-développement chez Krauthammer international. Son sens de la formule et son bon sens ont laissé une empreinte forte sur la formalisation de nos réflexions.

La génération spontanée des idées n'existe pas ; elles naissent de la fécondation continue des emprunts et des échanges.

À ce titre, le chaudron intellectuel que représente l'université interne de Krauthammer international, avec ses 120 consultants venant d'Europe, des États-Unis et d'Asie, qui se retrouvent deux fois par an pendant une quinzaine de jours, est unique en son genre. Nous tenons à saluer ses participants et organisateurs, notamment Jos Velthuis et Ronald Meijers, avec qui de nombreux sujets ont été débattus. Tous les experts scientifiques et les dirigeants qui nous rendent visite à ces occasions ont aussi leur part d'influence dans les réflexions que nous développons aujourd'hui.

Nous voulons enfin saluer la contribution notoire qu'a apporté Daniel Feisthammel à l'élaboration du concept de l'« échelle 4-niveaux ».

Daniel & Laurent

Bibliographie

Axelrod R., *The Evolution of Cooperation*, Basic books, 1984.

Bateson G., « La double contrainte » in *Vers une écologie de l'esprit*, Le Seuil, 1977.

Bercoff M. A., *L'art de négocier, l'approche Havard en 10 questions,* Éditions d'Organisation, 2004.

Bridges W., *La conquête du travail, Au-delà des transitions,* Village Mondial, 1995.

Collignon G., *Comment leur dire ?, la process communication,* InterÉditions, 1996.

Collins J. C. & Porras J. I., *Bâties pour durer*, First Management, 1996.

Collins J., *De la performance à l'excellence*, Village Mondial, 2003.

Crozier M. & Friedberg E., *L'acteur et le système*, Le Seuil, 1977.

Csikszentmihalyi M., *Vivre,* Robert Laffont, 2004.

Cyrulnik B., *Les vilains petits canards*, Odile Jacob, 2001.

Damasio A R, *The Feeling of What Happens*, Harcourt, 1999.

De Bono E., *Les six chapeaux de la réflexion*, Éditions d'Organisation, 2005.

De Bono E., *Serious Creativity: Using the Power of Lateral Thinking to Create New Ideas,* Harper Business, 1992.

De Witt B. & Meyer R., *Strategy Synthesis*, Thomson Press, 1999.

Dilts R., *La parabole du marsouin*, La Fleur dorée, 1990.

Dilts R., & Gino B., *Skills for the Future: Managing Creativity and Innovation*, Cupertino, Meta Publications, 1993.

Ekman P., *Emotions Revealed*, Times Books, Weidenfeld & Nicolson, 2003.

Ellis A., *L'approche émotivo-rationnelle*, Psychologie CIM, 1992.

Foerster H., *Understanding Systems, Conversations on Epistemology and Ethics*, 2001.

Goleman D., *L'intelligence émotionnelle*, Robert Laffont, 1997.

Hall E., *La danse de la vie, temps culturel, temps vécu*, Le Seuil, 1984.

Harris T., *D'accord avec soi d'accord avec les autres,* Éditions EPI.

Hofstede G., *Cultures and Organisations, Software of the Mind,* Harper Collins, 1994.

Jaoui H., *La créativité, mode d'emploi*, ESF éditeur, 1994.

Laborit H., « À propos de l'automobiliste du Neanderthal », *La Presse médicale*, 1965.

Laborit H., *L'inhibition de l'action. Biologie, physiologie, psychologie, sociologie,* Masson et Cie, 1979.

Ledoux J. E., *Le cerveau des émotions*, Odile Jacob, 2005.

Mac Lean P. D., « Psychosomatic Disease and the "Visceral Brain". Recent Development Bearing on the Paper Theory of Emotions », *Psycho Med*, p. 338-353, 1979.

Massot P. & Feisthammel D., *Conduites professionnelles, conduites de management*, Éditions Liaison, 2001.

Maturana H., Varela F. J., *Tree of Knowledge,* 1984.

Osborn A., *Créativité : l'imagination constructrice,* Dunod, 1962.

Pfeffer J. & Sutton R., *The Knowing Doing Gap*, Harvard business school press, 1999.

Rogers C., *Le développement de la personne,* Dunod, 1998.

Rosenberg M. B., *Les mots sont des fenêtres*, La Découverte, 2003.

Rosenthal R. & Jacobson L., *Pygmalion in the classroom*, Holt, Rinehart & Winston, 1968.

Servan Schreiber D., *Guérir*, Robert Laffont, 2003.

Seyle H., *Le stress de la vie*, Gallimard, 1975.

Trompenaars F., *Riding the Waves of Culture,* the Economists Books, 1993.

Trompenaars F. & Hampden-Turner C., *L'entreprise multiculturelle*, Maxima, 2003.

Walder F., *St Germain ou la négociation,* Gallimard, 1958.

Watzlawick P., *La Réalité de la réalité*, Le Seuil, 1978.

Watzlawick P., *Comment réussir à échouer*, Le Seuil, 1988.

Composé par Sandrine Rénier

Achevé d'imprimer : Jouve, Paris
N° d'éditeur : 3207
N° d'imprimeur : 398095F
Dépôt légal : avril 2006
Imprimé en France